Collection BING

Collection   BING

IMPRIMERIE E. CAPIOMONT ET Cie

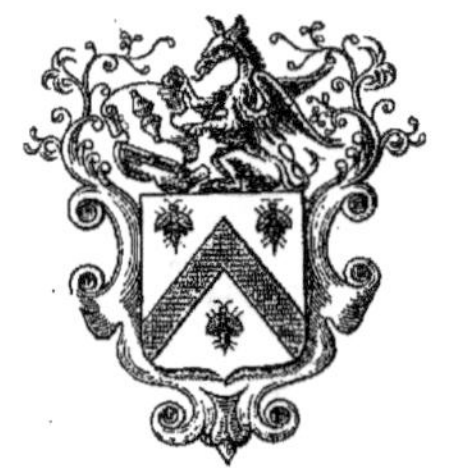

.PARIS

57, RUE DE SEINE, 57

Collection BING

CATALOGUE

DE

TABLEAUX MODERNES

ŒUVRES DE

BESNARD — COTTET — THAULOW

BRANGWYN, MAURICE DENIS, DUEZ, IBELS, JOHANSON, LE SIDANER
HENRI MARTIN, OSBERT, TEN CATE, VALLOTTON. — ANGRAND, CAVALLO PEDUZZI, CONDER
COUTURIER, GEORGES DE FEURE, DEGOUVE DE NUNEQUES, FORAIN, H. GUÉRARD, JULES JACQUEMARD, LEHEUTRE
MAXIME MAUFRA, MELLERIE, RENÉ MÉNARD, NONELL, CHARLES PEPPER, RIPPL RONAI, SHANNON, PAUL SIGNAC
VINCENT VAN GOGH. — JEANNIOT, MAURIN, ROPS, TOULOUSE-LAUTREC, VAN RYSSELBERGHE

DONT LA VENTE AURA LIEU

HOTEL DROUOT, Salle n° 6

Le Jeudi, 17 Mai, à deux heures

COMMISSAIRE - PRISEUR	EXPERTS
Mᵉ GEORGES DUCHESNE	**MM. BERNHEIM JEUNE & FILS**
6, Rue de Hanovre	8, Rue Laffitte. — 36, Avenue de l'Opéra

EXPOSITIONS

PARTICULIÈRE : Le Mardi 15 Mai 1900, de 1 h. 1/2 à 5 h. 1/2
PUBLIQUE : Le Mercredi 16 Mai, de 1 h. 1/2 à 5 h. 1/2

CONDITIONS DE LA VENTE

La vente se fera au comptant.

Les Acquéreurs paieront *cinq pour cent* en sus des adjudications.

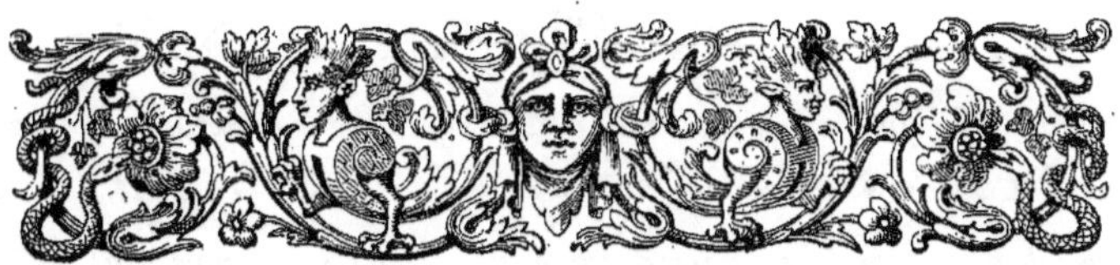

PRÉFACE

ERSONNE *n'ignore le rôle de M. Bing. On sait qu'il fut, le premier en Europe, un infatigable propagateur de l'art ancien du Japon. Longtemps, il se concentra sur la tâche, passionnante mais ardue, de mettre en lumière l'admirable intelligence artistique de ces créateurs de formes jusqu'alors insoupçonnées. Cet art séculaire fut introduit chez nous par lui en même temps que les murailles tombaient derrière lesquelles, depuis toujours, s'était retranché l'esprit impénétrable de cette région extrême de l'Orient. Le Japon, de l'instant qu'il fit bon accueil aux mœurs de l'Occident, livra les secrets de sa production artistique à notre investigation patiente et éclairée.*

Pendant toute cette première phase de sa carrière, nous vîmes donc M. Bing fouiller, retourner en tous sens ce Japon prestigieux, triant les plus expressifs monuments de cette esthétique lointaine.

Un jour vint cependant où ce domaine fécond eut achevé de laisser dévoiler tout ce que, parmi ses chefs-d'œuvre, il consentait à nous abandonner. Au surplus, le double but que la révélation d'une culture jusque-là ignorée avait fait espérer était atteint : d'une part, satisfaction complète était désormais accordée à la passion vibrante de nos amateurs; d'autre part, un résultat d'une portée plus universelle avait été, de décisive façon, atteint du même coup. Je veux parler de l'influence irrésistible — influence dont on rencontrerait difficilement l'analogue au cours des siècles accomplis — qu'avaient subie les évolutions contemporaines de nos traditions artistiques autochtones.

Si l'on songe maintenant que, prévenu plus que personne, M. Bing avait été en situation d'observer la marche rapidement progressive de ce travail transformateur, faut-il s'étonner que, par une curieuse — mais rationnelle — loi de déduction, l'ambition lui soit venue d'agir, pour sa part, dans le grand mouvement qui entraînait dès cet instant tant d'artistes et tant d'esprits curieux d'Évolution, par une plus directe et plus active intervention, sur les destinées de la vie artistique d'aujourd'hui ? Logiquement, son esprit si richement meublé par les beautés les plus étrangères, découvrit la proportion énorme pour laquelle ces beautés participaient à la recherche décorative des artistes de notre race. N'écrivit-il pas alors que cette collaboration de l'Esthétique du Japon à notre Esthétique propre lui apparaissait « comme une goutte de sang mêlée à notre sang ». Le goût lui vint donc de vérifier ces influences et de mesurer jusqu'à quel point et selon quel dosage cette transfusion s'était effectuée.

Et l'on vit ceci : Pour des raisons que justifiaient pleinement les faits et les circonstances, M. Bing passer, par une insensible transition, d'un art **exotique et ancien** à un art **national et moderne**.

Dès lors, il s'intéressa à tout ce qui, autour de lui, marquait un élan vers le Renouveau, et, sans fixer ses préférences sur tel ou tel domaine, se montra hospitalier à toutes les formes de l'art, accueillant sans distinction en l'asile offert à elles, toutes les jeunes initiatives, simultanément exercées sur la grande sculpture, sur le modelage d'une cire, la menuiserie délicate d'un meuble, la peinture d'un vaste paysage, le souple dessin d'un papier de tenture, la gravure d'une eau-forte, la ciselure d'une pièce d'orfèvrerie, la conception d'ensemble d'une décoration d'appartement ou l'ingéniosité d'un mobilier de style imprévu.

Pour débuter, M. Bing avait, entre autres constatations, distingué l'effort jusqu'à ce jour presque incompris, de quelques artistes appartenant à la jeune école de peinture. Là, dans la pénombre, mais pleins d'espoirs et de promesses, se tenaient des talents tels que ceux d'un Cottet, d'un Thaulow, d'un Brangwyn. Peu à peu, la conviction s'affirmait en M. Bing que ceux-là étaient d'avenir et qu'ils rentraient, par la qualité de leur Idéal, dans la catégorie des créateurs de Beauté, dans l'élite dont il s'était imposé la tâche d'encourager les entreprises.

Et c'est ainsi que, lentement, il constitua la collection dont l'analyse se déroule aux pages qu'on va lire.

Aujourd'hui, M. Bing se sépare de ces œuvres d'art. Il « vole au secours » — c'est une expression à lui — d'autres artistes; une autre mission le réclame. Il va se concentrer plus passionnément encore sur le noble problème d'appliquer l'Art à tous les accessoires du Décor moderne.

Il veut continuer, sur une plus grande échelle, à ajouter son effort aux efforts de la pléiade — bientôt légion — de ces artistes qui, loin des Académies, composent sous la dictée de la Nature, pour les plus pures joies de la Vie.

Bientôt apparaîtront aux yeux de tous des résultats nouveaux et qu'on présage éclatants. Avec raison, ce chercheur s'est en effet aperçu qu'on ne peut sans péril disperser son enthousiasme et sa foi. Il assumait déjà un rôle considérable dans la vaste province des Arts décoratifs. C'est là le terrain sur lequel il veut rester pour des combats plus décisifs et plus absolus encore. Les peintres qu'il abrita dans sa galerie se défendent aujourd'hui tout seuls. Une œuvre de peintre existe par elle-même tandis que les autres, celles où collaborent plus étroitement l'Esprit et la Matière, ont essentiellement besoin d'être coordonnées, défendues, imposées s'il le faut.

C'est à cette tâche généreuse, à cette action essentiellement militante que M. Bing, d'un zèle exclusif, entend désormais ramener toute son activité.

Et c'est aussi à cette évolution légitime d'un esprit dont on peut dire que le goût fut toujours prophétique et l'effort jamais vain que nous devons de voir réunies ici, pour une vente qui sera un enseignement, ces diverses toiles où s'affirment quelques-uns des plus libres talents de notre temps.

PASCAL FORTHUNY.

Tableaux

Tableaux

BAERTSOEN

I — Toits rouges.

Paysage.

Le village est très calme, sous ses toits rouges profilés au ciel lourd d'un vibrant après-midi d'été.

De la gauche, la petite rivière coule vers les maisons entre les herbes épaisses. Elle tourne et se perd, là-bas, au pied d'un mur, sous un buisson.

Dans un champ, il y a du fourrage entassé derrière quoi apparaît une maisonnette qui projette une grande ombre carrée.

Personne dehors.

Au premier plan, à droite, des chardons en fleurs.

Signé à droite, en bas : *Baertsoen*.

Toile. — Haut.: 54 cent.; larg.: 78 cent.

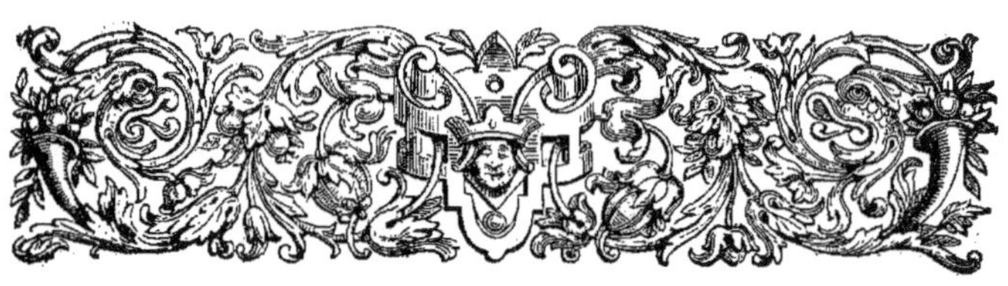

ALBERT BESNARD

"IMAGINATIF, M. Besnard l'est certes comme pas un. Mais il ne demeure pas moins évident que toute conception se présentant à son esprit sous une forme pittoresque des lignes, le choix de l'ambiance, la variété des éclairages concourent à exprimer fortement l'idée. *Fluctuat nec mergitur*, le plafond de l'Hôtel de Ville, le soir de la Vie, ont montré la consignation victorieuse du jeu des lumières contrastées ; ce sont là des notations dont l'initiative revient à M. Besnard et qui ont été grandement profitables à l'art moderne, si l'on en juge par le nombre des imitateurs que le peintre a comptés en tous pays. Il a abordé des problèmes picturaux jusqu'alors négligés, peut-être en raison de leur extrême difficulté, et il en a fourni la solution. L'école impressionniste s'était efforcée de rendre les phénomènes lumineux diurnes dans toute leur intensité, après les acquisitions de Claude Monet, de Sisley, de Pissarro, il a semblé à M. Besnard que d'autres progrès étaient à accomplir dans la même voie d'observations. Pourquoi ne pas étendre la conquête ? Pourquoi ne pas poursuivre, du crépuscule à l'aurore, ces recherches d'ambiance ? Il ne peindrait plus seulement le plein jour, mais le ciel étoilé, plus seulement la pénombre céleste, mais les lueurs créées par l'homme, pour mieux parler, il projetterait le rayon artificiel au milieu des ténèbres, il ferait se rencontrer, se heurter et se fondre la lumière avec la nuit.

A embrasser dans un regard d'ensemble la production étonnamment diverse, complexe de M. Besnard, il ne semble pas que depuis Eugène Delacroix, il se soit rencontré organisation plus puissante, imagination plus

riche et mieux secondée par la mémoire pittoresque. En cette fin de siècle
revenue des ivresses romantiques, M. Besnard s'est gardé de la fièvre turbu-
lente des drames passionnés. De même, l'affinement et l'élévation de son
esprit ont laissé sans prises sur lui le terre à terre d'un naturalisme exclusif
ou grossier ; ce qu'il retient dans la réalité, c'est l'irréel, ce sont les magies,
les mirages ; ce qu'il aime, ce sont les images imprévues, les évocations
d'une douceur attendrissante ou recueillie, ce vers quoi il aspire, c'est vers
le symbole des vérités de tous les temps. Depuis les époques disparues
jusqu'à l'ère de demain, il a parcouru les âges de l'humanité sans s'arrêter à
aucun, il a pu cultiver tous les genres, aborder toutes les techniques, rendre
toutes les lumières sans se restreindre aux limites d'un champ déterminé.
Son talent, irrassasié d'inédit, en continuel développement, l'a poussé à la
découverte de beautés ignorées et, ainsi, il poursuivra sa carrière accordant
la curiosité de son esprit avec l'originalité de ses moyens d'expression et
opposant au renouvellement fatal, inconscient de la nature, la puissance
éternelle de l'art, le rayonnement créateur du génie humain. ”

ROGER MARX.

BESNARD

(ALBERT)

2 — La Maison rouge.

La chevelure noire et épaisse, le visage qui sourit, l'épaule gauche qui glisse, belle, ronde jusque dans la chemise, le peignoir moucheté de larmes bleues et rouges envahissent tout le premier plan.

Après cette belle fille qui revient du bain, une autre suit, minuscule sur les pentes, encapuchonnée de blanc ; une autre encore, jambes nues, croupe tendue, descendant vers la mer....

A droite, c'est un arbre ; à gauche, des buissons échevelés au vent qui, ce matin, souffle et envole les étoffes ici, et gonfle là-bas les voiles, par delà le double pignon de la *Maison rouge*.

Sur le décor, la lumière blafarde d'une matinée indécise.

Signé à gauche, en bas : *A. Besnard; Berck, 1897.*

Toile. — Haut.: 92 cent.; larg.: 73 cent.

BESNARD

(ALBERT)

3 — Berck, le soir.

C'est l'heure active du retour. A grands coups d'ailes, les barques cinglent au port. Elles sont cinq en vue : elles sont vingt à la rive. Leurs mâtures, leurs agrès se découpent à ombres nettes sur un ciel où courent là-haut les flammes d'un incendie qui, par delà les montagnes des nuées accroupies, va durer jusqu'à la nuit venue.

Sur la mer, c'est le combat, vague à vague, des outremers et des oranges.

Au bord du flot une foule s'étire comme une frise, avec des voitures, des luisances d'eau, éparses entre les roues, les jupes, les jambes.

Une grève plate, où s'aggravent, en sombre, les tonalités du ciel.

Au premier plan, deux chevaux, des marchandes, des paniers, des enfants et, sur des bâches déployées, les tas de poissons pareils à 'du cristal taillé.

Signé à gauche, en bas : *A. Besnard, 1897.*

Toile. — Haut.: 1 mètre; larg.: 81 cent.

BESNARD

(ALBERT)

4 — Femme se couchant.

Assise sur le lit, dans la zébrure d'une étoffe noire et or, elle émerge des toiles blanches. Sous le casque de sa chevelure, elle apparaît, plus rouge de fards que de pudeur.

Le torse est nu ; la chemise va glisser. Derrière la femme, ce sont les blancheurs du lit.

Au-dessus, les deux gammes d'une tenture pourpre et d'un rideau d'un sombre bleu.

Signé à gauche, en bas : *A. Besnard.*

Toile. — Haut.: 61 cent.; larg.: 51 cent.

BESNARD

(ALBERT)

5 — La femme à la draperie bleue.

Accoudant son bras droit aux plis d'une chaude étoffe bleue, derrière laquelle s'arrondit la panse grasse d'un vase opalin, elle incline sa tête qui, dans l'ombre, sauf quelques valeurs au front, au nez, à la joue, apparaît fine, avec des rondeurs et des fermetés de fruit mûr, en le cadre lourd des cheveux dont toute une boucle croule sur la chemise.

La main gauche, spirituelle et de race, taquine le sein sous le tissu. Le vêtement, dans le mouvement du bras, a glissé pour laisser à nu l'épaule qui, par une molle et pleine courbe, rejoint savoureusement le mystère ombreux de la nuque.

Signé à gauche, en haut : *A. Besnard.*

Toile. — Haut.: 61 cent.; larg.: 46 cent.

BESNARD
(ALBERT)

6 — L'Aurore.

Dans l'asile discret des berges, sous la retombée des feuillages verts ou roux, trois femmes. L'une, jusqu'aux genoux dans les marbrures du flot qu'elle trouble, dépouille la gaze bleue d'où va jaillir son corps d'odalisque indolente et forte ; l'autre, dans le recul sombre d'un taillis, noue ses bras sur sa tête alourdie d'une masse brune, tandis que sur ses genoux s'élargit, blonde auréole, la chevelure de la troisième femme qui dort, nue, un calme sommeil, bras droit retombé, d'un geste las, dans les claires étoffes, à la pente des talus.

C'est l'aube. A gauche, l'incendie du matin triomphant pare de rose et d'orange le fleuve et la fuite des futaies.

A droite, c'est la pénombre mauve qui, persistante, vient encore du fond du bois.

Signé à droite, en bas : *A. Besnard*.

Toile. — Haut. : 61 cent. ; larg. : 50 cent.

BESNARD
(ALBERT)

7 — Écurie arabe.

Sur le sang des tuiles gaufrées, du soleil coule, rebondit sur les croupes des chevaux bais ou blancs, et tombe enfin dans la cour circulaire où, à droite, un Arabe s'est assis aux plis de son burnous.

Un âne, chargé du bât, attend dans l'ombre du premier plan le premier coup de matraque.

A droite, des chevronnements robustes ; à gauche, une porte et du soleil sur un mur.

Signé sur le cube de maçonnerie à gauche, en bas : *A. Besnard*.

Toile. — Haut. : 61 cent. ; larg. : 50 cent.

BESNARD
(ALBERT)

8 — L'Enfant à la chaise.

Debout devant la chaise rouge où il tortille si gentiment ses petits doigts, son poignet plein, bébé nous regarde, conscient de sa grâce mignonne, joli fruit de santé dont la peau rosée a des veloutés, des fraîcheurs exquises.

Il a un empiècement de dentelle sur le velours noir de la courte jupe, et un ruban sur l'épaule.

Les jambes nues et les chausses rouges, les petits souliers découverts, bébé a conscience qu'il ne faut pas bouger puisque M. Besnard l'immortalise.

Signé à droite, en haut : *A l'ami Hecquard, A. Besnard, 1879.*

Toile. — Haut.: 70 cent.; larg.: 33 cent.

BESNARD
(ALBERT)

9 — La Baignade.

D'un plongeon simultané, les trois baigneurs vont trouer le tapis vert des eaux, vert de toute une réverbération de montagnes boisées.

La barque, sous leur poids, s'incline jusqu'à presque chavirer.

Là-haut, la montagne escalade le ciel.

Dans l'eau, elle se double jusqu'au suprême rocher de sa cime hardie.

A droite, le village, dans des promenades de verdure, juxtapose les petits rectangles rouges de ses toits.

Signé en bas, à droite : *A. Besnard.*

Toile. — Haut.: 1 mètre; larg.: 80 cent.

BESNARD

(ALBERT)

10 — L'arrivée.

Elle a posé sa main fine au battant de la porte entr'ouverte et elle regarde de face.

Le front est découvert, et tout le visage en valeur sur le fond sombre.

Aux plis de son manteau rouge, des reflets jouent. Une manche de robe noire apparaît, serrant le poignet.

Signé à droite, en haut : *A. Besnard, 1896.*

Toile. — Haut.: 60 cent.; larg.: 45 cent.

BESNARD

(ALBERT)

11 — Lionne.

C'est un portrait — Lionne, en effet — avec sa crinière où le rouge s'atténue au fauve, le fauve à l'or.
Le profil s'oriente vers la droite, fin, à contre-lumière.

Signé en haut, à gauche : *A. Besnard, 1895.*

Panneau. — Haut.: 56 cent.; larg.: 38 cent.

BESNARD

(ALBERT)

12 — Femme étendue, Robe verte.

Pourtant l'ombre est épaisse autour d'elle, mais cela n'empêche que, de sa lumineuse chair, elle éclaire ce sous-bois.

Coude droit dans un voile bleu, elle maintient de sa main gauche un livre ouvert sur l'herbe. Et pendant que le ciel reste clair encore et l'eau pleine de reflets à ses côtés, sous la retombée des branches, elle lit.

Toile. — Haut : 39 cent.; larg.: 55 cent.

BESNARD

(ALBERT)

13 — Aquarelle.

Sous le ciel très bleu, la neige immaculée. — Des glaçons sur une petite mare à droite.

L'océan, outremer au lointain, et, au tout premier plan à droite, une silhouette de femme, blanche comme le paysage d'alentour, coiffée de roux et d'or, quelque chose comme la fée des Frimas qui, soudain, ayant froid, songerait à se réchauffer au soleil de sa chevelure.

Signé à droite, en bas : *A. Besnard, 1883.*

Panneau. — Haut.: 41 cent.; larg.: 57 cent.

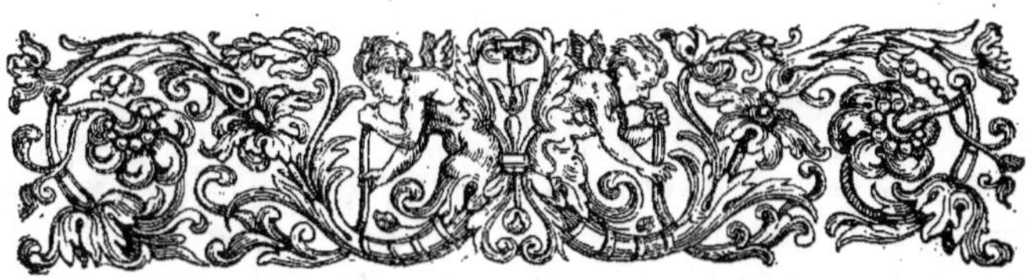

PIERRE BONNARD

QUAND on se prend à rapprocher l'impressionnisme du symbolisme, il semble qu'une évolution n'ait été que la préparation de l'autre et que les impressionnistes purs, tous paysagistes, absorbés par l'étude des phénomènes lumineux aient éclairci la palette, créé tout un répertoire de gammes nouvelles, sans tirer, au point de vue de l'expression intellectuelle, de notables applications de leurs découvertes et ceci, peut-être, parce qu'ils songèrent surtout à la couleur, plus préoccupés de la justesse du ton que de la beauté et de la signification de la ligne. Sans refuser le bénéfice des trouvailles de leurs devanciers, les symbolistes ont voulu, semble-t-il, les compléter et, intéressés autant par le dessin que par la couleur, ils ont ajouté au goût de la tache la recherche de l'arabesque. A cette amplification technique correspondait un souci d'intellectualité, ignoré de l'impressionnisme, souci qui conduisait les symbolistes à ne pas trouver seulement dans la peinture dite de plein air le thème de leur art, mais qui les poussait à étudier l'humanité, à aborder tous les genres, à fixer les spectacles de l'intérieur, aussi bien que ceux offerts au dehors par le paysage.

Que sont les tableaux de Pierre Bonnard ? De tranquilles échappées de campagne où les toitures rouges des maisons ci et là disséminées percent à travers la verdure des branchages ; des représentations puissamment caractérisées d'animaux domestiques, de chevaux, de chats, de poules, de lapins ; des tableaux dans lesquels des babys se virent attablés, sous la surveillance maternelle, ou occupés à se divertir au jardin, à la promenade, non loin des gouvernantes distraites ; ils apportent dans leurs jeux, dans leurs moindres actes, une gravité étonnée, une attention inquiète, traduites autant par la timidité gauche du maintien que par l'expression du visage, et cette portraiture décèle une compréhension attendrie et gaie, très particulière et très subtile, de l'enfance et de son geste. Ce sont encore des notations charmantes de la rue saisie dans la diversité de ses aspects — de la rue tantôt grise, pluvieuse, tantôt ensoleillée, rutilante — de la rue animée, grouillante de passants qui s'entrecroisent à la hâte, de la rue morne, déserte, où les chiens s'ébattent sans souci au milieu de la chaussée, où le joueur d'orgue, pareil à un automate, tourne impassible sa manivelle. Le don de l'humour, de l'ironie ravit ici d'autant plus qu'il se trouve tempéré, réglé par une sensibilité exquise.

Qu'on donne à M. Pierre Bonnard un paravent à décorer, il évoquera, sur les feuilles éployées, une scène familière : au fond, le long du trottoir, il alignera une théorie de fiacres (cette théorie dont, seul avec Félix Buhot, il a su dégager la physionomie), puis vers les premiers plans s'avanceront, rubans flottant au vent, de grosses nourrices escortées de gamins rieurs et jouant.

Ce qui est commun à l'ensemble, c'est la délicatesse du coloris, la diversité de l'appropriation des éclairages, la qualité du dessin primesautier, nerveux, toujours ornemental — et jamais peut-être ces beautés techniques en sont plus évidentes, plus appréciables que dans les natures mortes.

A vouloir analyser la jouissance intense éprouvée devant ces cadres, on la reconnaît due à l'imprévu, au piquant de cette interprétation de la nature, au pouvoir de découvrir dans les plus coutumiers spectacles ce qui n'avait été encore ni vu, ni remarqué, ni consigné par personne; par cela même, M. Pierre Bonnard s'atteste pourvu d'une originalité véritable, d'un style même bien à lui, car le mot des Goncourt est éternellement juste et le style n'est en réalité qu'une « vue neuve de la création. »

ROGER MARX.

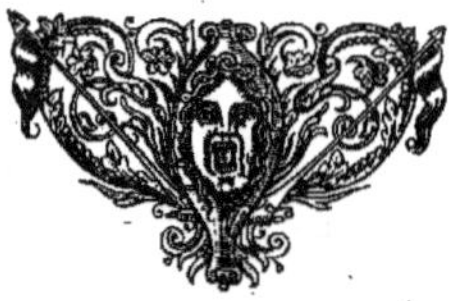

BONNARD
(PIERRE)

14 — Poule, poussins.

Dans la verdure épaisse, la poule et les poussins.
Signé à droite, en bas : *P. Bonnard, 1893*.

Haut.: 41 cent.; larg.: 45 cent.

BONNARD
(PIERRE)

15 — Mère et enfant.

Au fond du jardin, la mère et les deux enfants.
Des parterres fleuris s'étirent au pied des murailles.
Un rideau de feuillages jette son ombre sur le premier plan.
Signé à droite, en bas : *Bonnard, 94*.

Panneau. — Haut.: 25 cent.; larg.: 37 cent.

BRANGWYN
(FRANK)

16 — Ouvriers au bord de l'eau.

Trois sont assis sur la berge, coiffés de lourds et bizarres couvre-chefs, sur les étoffes dont les plis souples sinuent tout au long du quai mal pavé.

Un autre est debout à gauche vêtu d'une tunique rouge.

Ils ont les visages brunis et rudes d'hommes qui, dans des pays très chauds, passent le jour en des travaux très exténuants.

Sur l'eau, un bateau s'en va avec son chargement de matelots pittoresques et tout cela se mosaïque sur un ciel très alourdi de bleu et sur le coteau pierreux moucheté de maisonnettes blanches.

Signé à droite, en bas : *F. B., 98*.

Toile. — Haut.: 33 cent.; larg.: 44 cent.

BRANGWYN

(FRANK)

17 — Marchands arabes.

Comme une mosaïque sur le fond des murailles blanches, la foule des marchands tassés au premier plan dans un grand pan d'ombre et s'étageant plan par plan jusqu'au pied des bâtiments par delà lesquels s'alourdit au bleu mat le ciel d'Orient.

Signé à gauche, en bas : *F. B. 96*.

Panneau. — Haut.: 46 cent.; larg.: 37 cent.

BRANGWYN

(FRANK)

18 — Marché en Orient.

Sous les denses feuillages, sur la vaste place que ferment au loin les constructions, c'est la bigarrure des costumes, des épidermes, des denrées.

Il y a des reflets partout, sur les peaux luisantes, les bijoux des ceintures, le flanc des vases.

De grandes ombres, des flaques de soleil, un pan de bleu lourd au ciel : tout l'Orient.

Signé à gauche, en bas : *F. B., 98*.

Toile. — Haut.: 1 mètre; larg.: 1 m. 26.

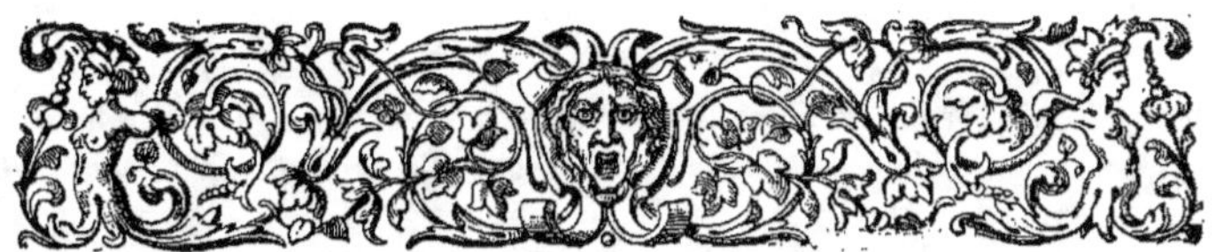

EUGÈNE CARRIÈRE

"Sı l'on put préjuger, en tout temps, de l'état d'âme d'une société, en ne s'inspirant que de ses tendances artistiques prédominantes, nous aurons moins de peine à nous convaincre qu'à l'heure actuelle — l'art — un certain art, ayant ses détracteurs obstinés et résolus, partisans de réaction, reflète nettement la marche de la pensée vers des sommets régénérateurs de vérité.

Et ce qu'on serait tenté, à tort, de qualifier de période transitoire, n'est ni plus ni moins que l'évolution rationnelle des idées d'une génération qui, se sentant fière et plus libre, s'affranchit de toutes les entraves du passé, secoue le joug de dix-neuf siècles de servitude, et consacre toutes ses forces vitales au développement du bien-être social et individuel.

D'étape en étape, à travers les âges, l'art, après avoir obéi aux désirs despotiques des maîtres royaux et s'être fait le vassal des grands, voit tout à coup grandir son prestige, au fur et à mesure que sa mission, détournée à l'origine de son véritable but, lui apparaît plus charitable. Pour qu'elle nous apparut telle, il ne fallut rien moins qu'elle se dépouillât de toute la friperie ancienne des mitres et des couronnes, des hermines et des pourpres, de tout ce manteau orgueilleux et tyrannique qui l'étouffait.

Au xviiᵉ siècle, avec les Le Nain, Callot, et au xviiiᵉ siècle, au contact du naturisme de J.-J. Rousseau et de Diderot, avec Chardin, Greuze, l'art français s'humanise un instant, mais asservi de nouveau, il est incontestable que seulement dans cette seconde moitié du xixᵉ siècle et à l'aurore du xxᵉ, avec Millet, Courbet, Manet, Puvis de Chavannes, l'art de ceux qui pensent est près d'atteindre l'apogée de sa puissance et de son influence morale et utilitaire.

Ainsi que le prévoyait déjà le sens précurseur de Castagnary, « l'artiste comprend à la fin, comme le poète l'a compris avant lui, que ce qui fait la valeur d'une œuvre n'est point l'importance des personnages qui y figurent, dieux ou héros, mais la grandeur de la passion, la profondeur du sentiment, le pittoresque de la ligne. »

Castagnary dénommait l'art ainsi compris : art humanitaire : « Cet art nouveau marque la date glorieuse de l'avènement de l'homme comme objet de l'art.

« Cet objet est triple : la nature, l'homme, la vie humaine. »

Paraphrasant la généreuse pensée de Tolstoï, nous ajouterons que l'ère s'achève où l'art n'aura servi qu'au vain plaisir des riches.

Désormais, le peuple doit bénéficier des mêmes privilèges, de sorte que l'art se fera le commençal habituel de ses courtes heures de rêverie. Il puisera dans la contemplation directe et journalière de ces conceptions qui fouillent au cœur même de ses peines et de ses souffrances, l'orgueil de se voir compris et soutenu ; doucement, en son cœur moins ulcéré, s'infiltreront des sentiments de reconnaissance et de gratitude envers ces artistes qui auront su lui procurer des moments ineffables de radieuse satisfaction, en le rehaussant dans sa propre estime et dans celle de ses concitoyens ; et mieux que ne l'eussent prouvé des discours et des phrases, il aura la perception nette et entière de la mission philanthropique de l'art et de la portée pratique de son enseignement.

Aussi bien, l'œuvre d'Eugène Carrière constitue à nos yeux un gage peut-être unique et admirable, parmi la peinture contemporaine, de cet état d'âme significatif. ''

Georges Denoinville.

CARRIÈRE
(EUGÈNE)

19 — Vase de fleurs.

Sur la table, avec la théière et le verre, les fleurs sont restées, oubliées.

La porcelaine arrondit sa panse grasse sur la blancheur de la nappe et les corolles pâlissent lentement dans la pénombre.

Signé à droite, en bas : *Eugène Carrière.*

Panneau. — Haut.: 34 cent. 1/2; larg · 32 cent.

CONDER
(CHARLES)

20 — Arbres jaunes.

La prairie noyée d'ombre, sauf un triangle blond à droite d'où émerge une femme vêtue aux modes de la ville.

Au loin, deux petits personnages près des grands arbres jaunes, alignés devant la plaine qui fuit jusqu'à un ciel strié, nuageux.

Au premier plan gauche, appartenant à un buisson invisible, une branche fleurie de roses sauvages.

Signé à gauche, en bas : *Charles Conder, 94.*

Toile. — Haut.: 60 cent.; larg.: 73 cent.

CONDER
(CHARLES)

21 — Plage.

La mer et la grève : à gauche, deux voiles ; à droite, deux figures. La vague monte et vient mourir sur le sable presque jusqu'à recouvrir la robe rouge que quitta tout à l'heure l'une des femmes.

Un arbre à droite.

Signé à droite, en bas : *C. Conder, 93.*

Haut.: 39 cent. 1/2; larg.: 62 cent.

CONDER
(CHARLES)

22 — L'Estacade.

A droite, la plage et la mer à gauche. L'Estacade se profile
sur la falaise des arrière-plans.

Çà et là, des figures en robes claires.

Signé à droite, en bas : *Conder, 95.*

Toile. — Haut.: 38 cent.; larg.: 46 cent.

CONDER
(CHARLES)

23 — Arbres fleuris.

C'est le verger au printemps, royaume du Tendre, du Rose
et du Blanc.

Ciel léger, moucheté de feuillages jaunes. Partout la mousse
rose et argentée des fleurs de pommiers.

Une barrière rompue, et, de partout, l'invasion des corolles.

Signé à droite, en bas : *Charles Conder, 1893.*

Toile. — Haut.: 73 cent.; larg.: 60 cent.

CONDER

24 — Dames assises et enfants jouant sur la plage.

La plage, — à gauche, quatre dames sur des chaises.

A droite, une baigneuse en peignoir et trois enfants.

Un baigneur à mi-corps dans l'eau point méchante.

Au loin une voile.

Signé à droite, en bas : *Conder, 95.*

Toile. — Haut.: 44 cent.; larg.: 54 cent.

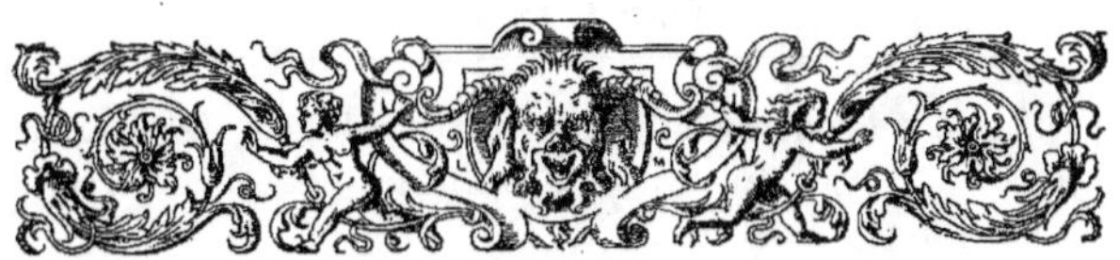

CHARLES COTTET

"LE domaine qu'a conquis M. Cottet est vaste et riche, comme tout ce qui
touche de près à sa nature et à sa vie. Le *Pays de la Mer* dont il s'est
fait le peintre ému et consciencieux, cette Bretagne marine, dont il excelle
à fixer les aspects tragiques, la vie simple et rude, lui appartiennent bien
en propre ; il l'a fait sien par l'acuité de sa vision et la sincérité de son
observation ; il a su démêler et mettre en relief, derrière les paysages et les
types, sa grandeur héroïque : cela, avec une simplicité de moyens qui est
d'un artiste de haute race...

Dans cette série de toiles qu'il intitule : *Au pays de la Mer*, on peut
affirmer qu'il a mis le meilleur de lui-même. Il passe de longs mois, chaque
année, en Bretagne : cette nature farouche, l'existence rude et pleine de
luttes de ses habitants, la sauvagerie de ces côtes balayées des grands vents
du large, et que la mer emplit sans cesse de son énorme lamentation, l'a
pris tout entier.

N'excelle-t-il pas à faire se jouer les dégradations les plus fines de la
lumière sur les choses, à harmoniser les rapports des tons, à rapprocher,
avec l'art le plus conscient, et le plus audacieux, les couleurs... Sans doute,
aux yeux des ignorants ou des gens de parti pris qui ne jugent les œuvres
d'art que d'après les formules, ces paysages de Venise et ces études d'Orient,
vibrantes de lumière, ruisselantes de clartés, satisferaient davantage la
conception étroite que l'on se fait d'un coloriste. Des pages comme les
Petites marchandes de dattes à Louxor, comme les *Femmes fellah dans le
cimetière d'Assonan*, comme le *Marché aux huiles d'Assiout*, pour n'en
citer que quelques-unes, impressionneront plus intensement le regard, le
fascineront davantage, au point de vue de la couleur pure, que ces morceaux

dont je parlais tout à l'heure, si puissante que soit leur maîtrise. La valeur d'art, les qualités du peintre n'y sont cependant pas supérieures, on peut l'affirmer sans crainte d'un démenti...

Ce que veut M. Cottet, c'est être un peintre — un vrai peintre — d'expression : c'est fixer dans son art non pas les aspects passagers de la nature, mais ses formes durables, par une recherche d'effets, une inquiétude de sa composition, devenues trop rares aujourd'hui : c'est, par l'observation directe, pénétrer jusqu'au fond des choses, jusqu'au secret des âmes, jusqu'au cœur de l'humanité pour en vivifier et en inspirer son art; c'est, au lieu de se satisfaire de la reproduction stricte de la vérité, en dégager l'esprit pour aboutir à une manifestation de vérité plus haute et plus générale... Parmi les quelques-uns qui préparent la gloire de notre École française, Charles Cottet est de ceux sur qui l'avenir est le plus en droit de fonder de hautes espérances.

Il n'est pas homme à les décevoir. "

Gabriel Mourey.

COTTET
(CHARLES)

25 — Triptyque, au pays de la mer.

Sous le ciel prometteur d'orages, la mer prometteuse de tempêtes.

De droite à gauche, une ligne de grèves sévères descend, se creuse en estuaire et repart.

Groupées sur la droite, ce sont six figures de femmes qui regardent, écoutent, attendent.

Sous la coiffe noire frangée de blanc, il y a deux vieilles dont l'une tient la quenouille, une femme plus jeune dont la rousse tignasse s'élargit, coupée en rond sur le cou.

Puis peut-être, c'est la femme du marin et deux enfants, deux filles dont l'aînée, debout, qui, de ses yeux dépassant l'horizon, interroge et reste dans l'attente de quelque apparition lointaine.

Signé à droite, en bas : *Ch. Cottet.*

Toile. — Haut. : 83 cent.; larg. : 56 cent.

COTTET
(CHARLES)

26 — Triptyque, au pays de la mer.

Sur les bancs de la barque, en avant du grand mât dont les poulies et les cordages rayent les horizons bleus de nuit, ils sont quatre pêcheurs. L'un à gauche, en clair surroit, fume; les autres, échelonnés au flanc du bateau, songent ou dorment.

Une nasse d'osier, au premier plan, parmi des morceaux de bois.

La mer s'épaissit aux lointains, telle un immense tapis de velours turquoise mat.

Signé à gauche, en bas : *Ch. Cottet.*

Toile. — Haut. : 83 cent.; larg. : 56 cent.

COTTET

(CHARLES)

27 — Triptyque, au pays de la mer.

On est quinze à table pour le repas d'adieu. C'est l'instant de boire « à la santé ». A gauche, un convive s'est levé ; il tend son verre. Puis c'est un profil de marin entre la mère, l'épouse et deux enfants. De dos, un jeune gars, une fillette aux cheveux roux déployés sur la capeline.

Au centre, impassible, une aïeule dont le verre ne fut point vidé ; à droite, deux promis nouant leurs mains entre les assiettes ; un groupe de deux femmes à qui parle d'en haut une figure inclinée ; enfin un convive seul sur un tabouret.

La cruche et le pain, les assiettes et les fruits, les verres sur le bois jauni de la table familiale.

Une lampe élargit, des plafonds, sa clarté crue.

Par delà les menuiseries vertes des fenêtres, la nuit lourde sur la mer.

Signé à droite, en bas : *Ch. Cottet.*

Toile. — Haut.: 1ᵐ13 ; larg.: 83 cent.

COTTET

(CHARLES)

28 — Veillée d'un enfant mort en Bretagne.

Sur la table qui s'arrondit, recouverte d'un drap, on a exposé l'enfant mort, au milieu des fleurs pourpres sous les globes, des quatre chandeliers de cuivre où tremble une larme de feu ; au pied, la croix de buis banderolée.

Dans une assiette à fleurs, une petite branche pour les aspersions. Au fond de la pièce déjà le jour filtre aux rideaux tirés. Une figure debout s'y profile à gauche, et coiffées du bonnet blanc, en prières, ce sont deux femmes agenouillées et aussi une fillette intéressée aux broderies de la robe étalée sous le clignotement des bougies.

A droite, une vieille à demi dérobée dans l'ombre. Deux jeunes femmes à genoux, tristes, graves ; une fillette qui pose la main au tapis blanc.

Sur une étagère à peine accusée dans l'aube incertaine, des assiettes à la file.

Signé à droite, en bas : *Ch. Cottet.*

Toile. — Haut. : 1^m25 ; larg. : 90 cent.

COTTET
(CHARLES)

29 — Clarté de lune.

Endormi sous la lune, le petit village semble, comme en rêve, suspendu entre les abîmes du ciel et les profondeurs des mers. Réfugiés dans l'ombre des berges hautes, les bateaux laissent pendre leurs voiles inactives. Il ne fait point de vent, il y a des étoiles ; le gros nuage, là-haut, est immobile depuis hier soir. A droite, les moulins sont arrêtés sur le coteau et c'est à peine si la lampe qui brille au coin de la rue danse — oh, si peu ! — dans sa cage de verre. Des pâleurs de lune glissent au damier des toits et une moire jolie, infiniment renouvelée, court au miroir placide des eaux.

Mais cependant le village ne dort pas. Soupçonneux de quelque traîtrise du ciel ou de la mer, il veille. A preuve ces deux fenêtres éclairées qui, par-dessus les quais déserts, face à la nuit baignée de lune, comme deux yeux, regardent.

Signé à gauche, en bas : *Ch. Cottet.*

Toile. — Haut.: 1ᵐ19 ; larg.: 1 mètre.

COTTET
(CHARLES)

3o — Port de Douarnenez, crépuscule.

Le jour s'achève, dans des ocres sales, avec des menaces de gros temps, à droite.

A l'entrée du port, pour se reposer — en voyant rentrer les barques — d'avoir traîné depuis l'aube ce panier et cette cruche, l'enfant s'est assis au froid des pierres, jambes pendantes au-dessus de l'eau, bras croisés aux genoux, béret sur les yeux.

Strié de remous, baignant le môle qui y plonge son mur incliné, le flot calme reflète l'ennui morne du soir malade.

Sur une balustrade, des linges noirs sèchent. Au bout de la jetée, au bord du ciel, quatre vieilles femmes regardent les voiles carrées qui passent...

Signé à gauche, en bas : *Ch. Cottet, 1895.*

Toile. — Haut.: 8o cent.; larg.: 56 cent.

COTTET

(CHARLES)

31 — Beau soir en Bretagne.

Sur la tapisserie du ciel et de la mer où s'accuse dans la trame d'or vibrant la ligne, sèche à dessein, d'une falaise lointaine, l'aïeule et la jeune paysanne, coiffées aux modes du pays breton, profilent leurs silhouettes, indifférentes à la magie du décor.

Sous les ailes du bonnet dont les blancheurs s'avivent de reflets, la vieille s'avoue qu'elle n'a pu, dans la journée, repriser tout ce drap qui, souple, s'écrase sur ses genoux. Les yeux s'en vont....

Sous le front bombé de la jeune mère, ce sont d'autres songeries vers l'avenir. Du soleil glisse aux cheveux retroussés sur la nuque : l'enfant, au giron maternel, joue avec un ruban de la coiffe. D'instant en instant, s'épaissit l'ombre des grands arbres.

Signé à gauche, en bas : *Ch. Cottet.*

Panneau. — Haut.: 70 cent.; larg.: 56 cent.

COTTET
(CHARLES)

32 — Soir d'automne sur la rivière à Châteaudun.

C'est la fin de l'automne. Les arbres sont roux sur le coteau pierreux.

C'est la fin du jour aussi. Les ombres sont profondes dans la rivière qui passe.

Quelconques, honnêtement bourgeoises, les maisons sur le quai, veillent bien à ne pas se faire remarquer.

Avec son aile trouée, son aile de chauve-souris géante, un bateau traverse d'une rive à l'autre, de droite à gauche, troublant le courant, détruisant l'harmonie calme des verts, des ocres, des bruns. D'un vert mat, pesant comme une frise de terre cuite, un ciel invraisemblable — réel pourtant — envahit le haut du décor.

Signé à droite, en bas : *Ch. Cottet.*

Toile. — Haut. : 73 cent. ; larg. : 1ᵐ17.

COTTET
(CHARLES)

33 — Vue de Savoie.

Une plaine qui s'élargit de droite à gauche — d'autant plus verte que le temps est indécis et que tous les tons s'alourdissent — prolonge son étendue jusqu'aux bouquets d'arbres qui, sur deux plans parallèles, cachent les basses pentes de la lointaine montagne.

Un peu à gauche, deux cimes aiguës s'érigent sur le ciel marbré de nuées. La chaîne des monts court, souple, déchiquetée sur l'au-delà.

Des brumes, au-dessus des arbres, là-bas, flottent et dissimulent les flancs d'un coteau.

Panneau. — Haut. : 54 cent. ; larg. : 79 cent.

COTTET
(CHARLES)

34 — Vieille marchande de pommes.

Elle s'est assise au pied d'une muraille aussi vieille qu'elle, et, près de ses paniers joliment tachetés de l'éclat des fruits mûrs, elle attend qu'on vienne.

Si vous l'en priez, elle se servira du couteau qu'elle tient dans sa main droite, pour vous éplucher quelque chose... et vous faire goûter.

En attendant, le soleil la gêne. Sous la coiffe blanche, sa tête ridée — comme une vieille pomme — grimace et s'impatiente. Une grande ombre choit du nez dans la bouche et la main gauche se moule à la joue.

Sur la nappe d'une table, à droite, des plats et des pots de grès brun.

Signé à droite, en bas : *Ch. Cottet.*

Toile. — Haut.: 77 cent.; larg.: 99 cent.

COTTET
(CHARLES)

35 — Venise, matin clair.

Ce ne sont pas encore les éclaboussements de soleil du plein midi d'Italie : ce n'est que le clair matin sur Venise qui découpe, svelte, la tour ; frêles et aériens, les façades et les dômes, jolie comme une aile de papillon, la voile, sur la toile du fond du ciel léger, tissé de transparences et de reflets tendres.

L'eau du canal redit l'ocre des voilures, le rose des édifices, les verdures des promenades, la topaze du zénith.

Noires et roses, les gondoles passent dans des miroitements éteints.

Signé à droite, en bas : *Ch. Cottet.*

Panneau. — Haut.: 53 cent.; larg.: 69 cent.

COTTET
(CHARLES)

36 — Venise, barque au crépuscule.

Liliacé, safran, mauve, opalin, orange, le crépuscule dans le ciel et sur l'eau....

Venise à gauche, en tours et en dômes, cernée dans la demi-nuit. A droite, au troisième plan, les bords écrasés au ras du flot, à contre-jour, jusqu'à deux embarcadères, à peine distincts, dans l'ombre.

Sept voiles trouent le champ du ciel, aiguës, rouillées comme des socs de charrues.

Deux gondoles suivent et c'est, dans une magie de couleurs, la lente rentrée vers Venise, sur le chemin des eaux, mosaïqué de pierreries.

Signé à droite, en bas : *Ch. Cottet.*

Panneau. — Haut.: 55 cent.; larg.: 72 cent.

COTTET
(CHARLES)

37 — Vue de Savoie.

La journée fut triste, mais le soir est beau.

Pour masquer la montagne, le ciel est descendu dans la plaine et dans le houleux tumulte des nuages lourds, dans les déchirements du voile brumeux, les cimes apparaissent pour bientôt disparaître.

En bas, la vallée — depuis le petit bois de gauche — s'étire en prairies où, çà et là, les bruns de la terre éventrée font des taches dans le tapis des herbes rases.

La journée fut triste, mais le soir est beau.

Panneau. — Haut.: 54 cent.; larg.: 79 cent.

COTTET
(CHARLES)

38 — Venise, barques de pêche, fin d'après-midi.

Avec leurs voiles, bariolées comme des manteaux de princes, portant les glorieuses décorations de l'Ordre de la Mer : l'ancre, l'étoile, les barques vénitiennes rentrent.

Leurs polychromies, où la fin du jour entretient des vigueurs, se dispersent infiniment au prisme chatoyant de l'eau.

Le saphir du ciel s'est décoloré jusqu'au vert des turquoises mourantes et dans la lourde fin d'après-midi, c'est de ce **ton que** se drapent l'espace et l'eau.

Signé à droite, en bas : *Ch. Cottet.*

Toile. — Haut.: 61 cent. ; larg.: 75 cent.

COTTET
(CHARLES)

39 — Venise, barques, voiles oranges.

La première barque, à deux mâts, à trois voiles vogue de droite à gauche sur une mer calme, tachetée d'orange, flot après flot. Trois figures sont dans la barque, la troisième à demi cachée derrière la plus petite voile carrée.

L'autre embarcation, plus lointaine à droite, cingle vers le même port invisible.

A gauche, une autre barque.

Noyées dans des brumes colorées, des silhouettes de nuages s'arrondissent sur l'opale du ciel.

Signé à droite, en bas : *Ch. Cottet, 94.*

Toile. — Haut.: 54 cent. ; larg. : 64 cent.

COTTET

(CHARLES)

40 — Nuage jaune.

Du fond de l'horizon à gauche, deux énormes courants dévalent.

Dans le ciel, c'est la poursuite de nuées rondes, étagées comme des fruits, dressées comme des montagnes, selon des équilibres très instables.

Sur la mer, ce sont les stries d'un bleu froid, d'un vert bilieux, d'un chrome changeant. On dirait les cordes d'une harpe où la brise du soir prolonge une puissante symphonie.

L'horizon est noyé de brumes grises. Seul, un coin du firmament, à gauche, reste pur.

Toute la droite est rongée par l'ombre.

Signé à droite, en bas : *Ch. Cottet.*

Panneau. — Haut.: 54 cent.; larg.: 70 cent.

COTTET

(CHARLES)

41 — Nuage jaune.

C'est un soir d'étrangeté et de féerie, sur la mer et dans le ciel glauque, où, arrondies ainsi que des mamelles, exquisement roses sur l'harmonie verte des fonds, des nuées pèsent, jusqu'au niveau des eaux.

Modelées comme des chairs, pleines et fortes, illuminant la nuit qui vient, elles semblent éclairées du fond d'elles-mêmes.

*
* *

Le ciel reflète dans la mer
Ses lueurs rouges, ses lueurs roses,
Ses lueurs pourpres — enchantante gamme.

*
* *

On dirait des gerbes de roses, roulant
En avalanche parmi des flots de sang : —
Ce qui resterait de quelque galant drame.

*
* *

Le creux des vagues charrie
De flamboyantes pierreries
Grenats, rubis et coraux ;

*
* *

Colliers rompus, ceintures dénouées,
Bagues et diadèmes, tombés
Du ciel dans l'eau.

MARIE KRISINSKA.

Signé à droite, en bas : *Ch. Cottet.*

Panneau. — Haut. : 54 cent. ; larg. : 70 cent.

COTTET

(CHARLES)

42 — Venise. — Soir sur la lagune.

Tout habillée de velours bleu sombre — de ce même velours où l'on découpe les masques vénitiens, — la lagune s'étend sous le ciel balayé de nuées basses.

La ville compte à peine sur l'eau. Deux tours se détachent de la masse rase des toits. Il y a des lumières, une mince frise de reflets. Il semblerait que quelque chose flotte à gauche. Mais un mystère plane sur tout : il fait nuit ; il fait silence.

Sous son masque de velours bleu, la lagune dort.

Signé à droite, en bas : *Ch. Cottet.*

Panneau. — Haut.: 54 cent.; larg.: 70 cent.

COTTET

(CHARLES)

43 — Marine. — Mer du Nord.

Sur le champ mélancolique et gris des mers du Nord, les bateaux de pêche, aux voiles reprisées, aux mâts qui penchent, ouvrent leur sillon, côte à côte.

Elles sont six, dociles au même vent sous le ciel vert-de-grisé.

La mer a des luisances de métal froid.

Naviguant sur leur ombre qui fuit, les bateaux s'éloignent.

Signé à droite, en bas : *Ch. Cottet, 91.*

Panneau. — Haut.: 54 cent.; larg.: 76 cent.

COTTET

(CHARLES)

44 — Femme fellah avec enfant au sein.

Sur l'arabesque d'un tissu oriental or et bleu, le burnous noir de la femme fellah, l'ovale du visage aux yeux longs, railleurs, à la lèvre qui dédaigne.

Hors le manteau, le sein que l'enfant, dans son sommeil, semble caresser.

Brune, la main droite de la mère soutient le petit corps vêtu de rose passé.

Signé à droite, en bas : *Ch. Cottet.*

Toile. — Haut. : 66 cent.; larg. : 56 cent.

COTTET

(CHARLES)

45 — Gorges d'El Kantara.

La toile est envahie de rochers. Pas de ciel. Des montagnes à pic. Rouges, violacées, calcinées par mille siècles de soleil.

La rivière, maigre, sinue dans les granits, les quartz, les basaltes.

On croirait qu'elle roule du soleil fondu.

Signé à gauche, en bas : *El Kantara. Ch. Cottet, 91.*

Panneau. — Haut. : 46 cent.; larg. : 61 cent.

COTTET

(CHARLES)

46 — Soleil couchant. — Camaret.

Le village rose et ocre, là-bas, au soleil.

Les berges de pierre, chenillées au ras de l'eau, par les petits bateaux amarrés.

Au premier plan, une barque avec un abri à l'avant, un grand mât qui sort du cadre.

D'autres barques, par plans successifs. Sur l'eau, la mosaïque des crépuscules.

COTTET

(CHARLES)

47 — Vue d'Assises.

A gauche, sur le mont, le château, ses tours, ses murs d'enceinte par-dessus lesquels regardent les peupliers.

La pente aride, rugueuse.

Tout en bas, d'autres peupliers. Des fumées montent à l'assaut du château ; quelque berger qui fait un feu.

Dans le ciel, un nuage.

Haut.: 5o cent.; larg.: 34 cent.

COTTET

(CHARLES)

48 — Petites marchandes de canne à sucre.

Dans le cadre carré, les deux marchandes, figures brunes, au milieu des cannes à sucre.

L'une, à gauche, rompt une tige verte.

L'autre, à droite, vêtue d'une robe rouge, regarde devant elle.

Signé à droite, en bas : *Ch. Cottet*.

Panneau. — Haut.: 31 cent.; larg.: 31 cent.

COTTET

(CHARLES)

49 — Grotte.

Dans l'éboulis des rochers s'enfonce, du côté de la nuit souterraine des cryptes, une rivière aveugle, mouchetée comme une peau de reptile.

Signé à droite, en bas : *Ch. Cottet*.

Toile. — Haut.: 40 cent.; larg.: 49 cent.

COTTET

(CHARLES)

5o — Crépuscule sur le Nil.

Plates, les rives.
Calme et marbré d'îles, le fleuve.
Deux voiles au lointain, en valeur sur le ciel.

Signé à droite, en bas : *Ch. Cottet. Le Nil, 1892.*

Panneau. — Haut. : 46 cent. ; larg. : 54 cent.

COTTET

(CHARLES)

51 — Assemblée bretonne.

A gauche, en haut sur l'estrade, le joueur de bigniou, conseillé par son voisin, choisit parmi les vieux rythmes de Bretagne ceux qui peuvent toucher au cœur l'auditoire en coiffes blanches, en toques noires.

Et de fait, immobiles, les assistants écoutent, charmés et satisfaits en cette fin d'assemblée bretonne, les mélodies chères à leur souvenir, familières à leur cœur.

C'est bientôt le crépuscule.

Signé à droite, en bas : *Cottet.*

Panneau. — Haut. : 54 cent. ; larg. : 54 cent.

COTTET

(CHARLES)

52 — Barques au matin (Venise).

De compagnie, juxtaposant leurs voiles aiguës et multicolores, les barques vénitiennes s'en vont en composant sur le cristal des eaux, pour le bref instant qu'elles y séjournent, une extraordinaire kaléidoscopie scintillante et infiniment renouvelée.

Signé à droite, en bas : *Ch. Cottet.*

Toile. — Haut. : 58 cent. ; larg. : 73 cent.

COTTET

(CHARLES)

53 — Vue de Savoie.
Soleil couchant brumeux.

La brume, là-bas, du fond de la vallée monte à l'assaut des cimes toutes rougies dans le crépuscule.

Les nuages, du haut du ciel, rejoignent les brumes. Et c'est une pénétrante harmonie de mauves éteints, de gris et de rubis décolorés.

Tout le premier plan est déjà baigné de nuit.

Signé à droite, en bas : *Ch. Cottet.*

Toile. — Haut. : 52 cent. ; larg. : 76 cent.

COTTET

(CHARLES)

54 — Le chenal.
Soleil couchant (Venise).

Comme des feux follets sur l'eau, les voiles qui empruntent de leur étrangeté au décor sanglant d'un ciel ruisselant jusque dans le chenal.

A la surface de l'eau, c'est, à droite, le combat des rouges du crépuscule et des bleus tendres de la mer.

Signé à droite, en bas : *Ch. Cottet.*

Toile. — Haut. : 53 cent.; larg. : 67 cent.

COTTET

(CHARLES)

55 — Orage montant.

L'orage va éclater; il éclate.

Il est dans le nuage qui roule sur la mer, dans le vent qui fait cabrer la vague. Tout à l'heure, la côte pelée, le petit champ enclavé, à gauche, dans les roches, vont subir l'assaut de l'océan.

L'orage va éclater, il éclate.

Signé à droite, en bas : *Ch. Cottet, 94.*

Toile. — Haut. : 52 cent.; larg. : 63 cent.

COTTET

(CHARLES)

56 — Nuage blanc.

Il s'écrase comme une lourde fumée à la surface des eaux
mates. Et c'est le mirage calme jusqu'aux horizons illimités,
tachetés à peine, çà et là, de minces voilures.

Tout au zénith, le bleu apparaît et, lentement, par des glisse-
ments imperceptibles, le nuage s'étire, se creuse jusqu'à apparaître,
tel une guirlande, suspendu au-dessus de la mer.

Signé à gauche, en bas : *Charles Cottet.*

Toile. — Haut.: 59 cent.; larg.: 74 cent.

COTTET

(CHARLES)

57 — Roches en Bretagne.

Les grandes orgues de la roche, à droite ; à gauche, au-dessus
de la crique profonde où la vague bleue pousse la vague verte.
Comme une plume de mouette, une voile en mer, à droite.

Signé à droite, en bas : *Ch. Cottet, 92.*

Toile. — Haut.: 87 cent.; larg.: 108 cent.

DENIS

(MAURICE)

58 — Mère et enfant.

Assise dos à la fenêtre, la mère donne le sein à son enfant.

Signé à gauche, en haut : *M. A. U. D., 95.*

Panneau. — Haut. : 42 cent. ; larg. : 34 cent.

DONDEDET

(CHARLES)

59 — Dévotion.

La plaine sous le ciel lourd. Un bosquet de grands arbres. Deux citernes. A gauche, deux femmes, vêtues de costumes religieux, prient, accoudées à la margelle.

Panneau. — Haut. : 16 cent. ; larg. : 22 cent.

DUEZ

(E.)

60 — Buste de jeune femme.

Un profil de femme sur l'arrière plan de la mer. — Des fleurs au corsage, une collerette de dentelle.

Signé à gauche, en bas : *E. Duez.*

Panneau. — Haut. : 21 cent. ; larg. : 16 cent.

FAUCHÉ

(LÉON)

61 — Femme à la toilette.

Vue de dos, la main droite à l'anse d'une cruche de faïence
bleue et blanche. Un peignoir bleu sur une chaise à droite.
En haut, la bordure rouge d'un cadre.

Signé à droite, en haut : *Léon Fauché.*.

Haut. : 5o cent. ; larg. : 61 cent.

IBELS

62 — Esquisse.

Dans sa robe mauve, inclinée sous l'ombrelle, elle descend
de gauche vers la rivière, du côté des joncs et des nénuphars
fleuris.
Derrière elle, le coteau et le ciel nuageux.

Signé à gauche, en bas : *Ibels.*

Toile. — Haut. : 56 cent. ; larg. : 29 cent.

JOHANSON

63 — Marine.

Gonflées de forte brise, les voiles.

La barque file, d'une souple courbe, vers l'imperceptible phare qui pointe, là-bas, au ras des eaux.

Derrière elle, c'est le sillon élargi, crénelé de blanc où, fugitivement, à ombres denses, son image se double. A l'avant, une coulée d'émeraude. Là-haut, à gauche, le gris d'une double nuée d'orage.

Une mouette.

Signé à gauche, en bas : *Johanson*.

Toile. — Haut. : 54 cent. ; larg. : 73 cent.

LE SIDANER

(RENÉ)

64 — Clair de lune.

Le village est endormi sous la lune.

Une seule fenêtre est éclairée dans une façade à droite du chemin qui s'en va se perdre là-bas dans le recul mystérieux et plein d'ombres lourdes, où les toits se rapprochent. La lune illumine au premier plan un grand pignon dont l'enduit paraît comme bleu, d'un bleu très tendre sur l'outremer épais du firmament sans étoiles.

Signé à gauche, en bas : *L. Sidaner*.

Toile. — Haut. : 48 cent. ; larg. : 76 cent.

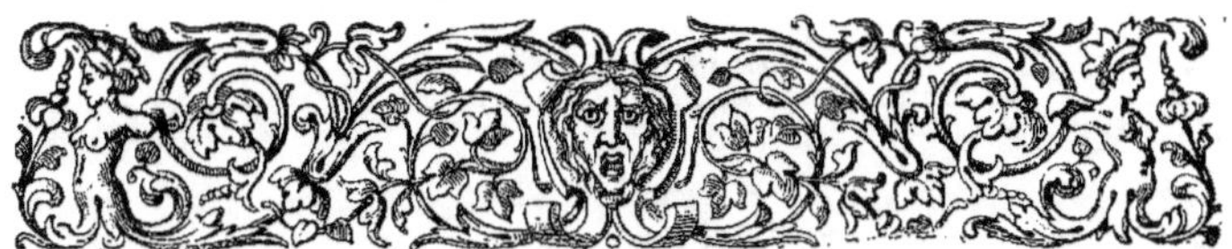

HENRI MARTIN

<hr>

« L'IRRÉSISTIBLE penchant qui intéresse M. Henri Martin au labeur de l'esprit lui a suggéré cette fresque. Elle initie à l'effort de l'inventeur en mal de conception, elle découvre des affres saintes aux prix desquelles s'enfante l'œuvre, qu'attend l'indifférence, la haine ou l'oubli. Le thème seul aurait de quoi attirer à M. Henri Martin la sympathie de ceux que le destin voue à la peine du cerveau. Quand avait-on pris garde à leur tourment, et qui donc s'était avisé d'en exprimer, avec des accents si persuasifs, toute la déchirante douceur ?

. . . .

Muses, anges ou génies, le charme est ineffaçable de ces blancs fantômes dont les grandes ailes déployées s'irisent, se nacrent aux reflets du couchant ; et comme des échos à travers la tiède et molle vapeur qui baigne la campagne, les tons précieux se répondent, l'orangé pâli au rose-thé, le vert jaunissant au bleu-turquoise. Cette délicatesse s'accorde le mieux du monde avec la qualité des expressions physionomiques, avec la recherche des gestes tout de grâce et d'aristocratique beauté. Mais, plus encore, on est conquis par l'union de ces figures de vérité et de songe, touchante comme en certaine plaquette de M. Roty. Libre à ceux qui bannirent le merveilleux de la peinture, qui déclarèrent, à la suite de Courbet, importune « l'idée qui ne s'incarne pas dans un fait humain », de ratiociner sur l'œuvre de M. Henri Martin.

Il est seulement demandé qu'on ne s'autorise pas, pour ces chicanes, d'un prétendu manquement à la tradition. Qu'a fait, peut-être à son insu, M. Henri Martin, peintre toulousain ? Ceci seulement : il a repris, poursuivi, tenu à jour l'œuvre commencée en sa ville natale, voici cinq siècles, par les admirables artistes qui retracèrent la *Vision de saint Jean* sur les voûtes de la chapelle Saint-Antonin, au couvent des Jacobins. »

ROGER MARX.

MARTIN

(HENRI)

65 — Orphée.

Par les monts et les plaines, portant au bras sa lyre pourpre et déployant vers le ciel son geste inspiré, Orphée s'en va chantant, suivi dans l'air par trois Muses dont les ailes découpent des taches roses sur le mystère violet des lointains.

Les prairies vertes glissent à la pente des coteaux; de larges ombres d'arbres invisibles rayent le chemin où s'égare le Poète. Un astre blême, monte plein et rond, là-bas, par-dessus les voiles mauves de l'imminente nuit.

Signé à gauche, en bas : *Henri Martin.*

Toile. — Haut.: 54 cent.; larg.: 64 cent.

MARTIN

(HENRI)

66 — Chaumière.

C'est midi. Tout le monde est aux champs. La cour que dorent les fumiers ; les buissons inondés d'un ruissellement de soleil.

Signé à gauche, en bas : *H. Martin.*

Panneau. — Haut. : 42 cent.; larg. : 32 cent.

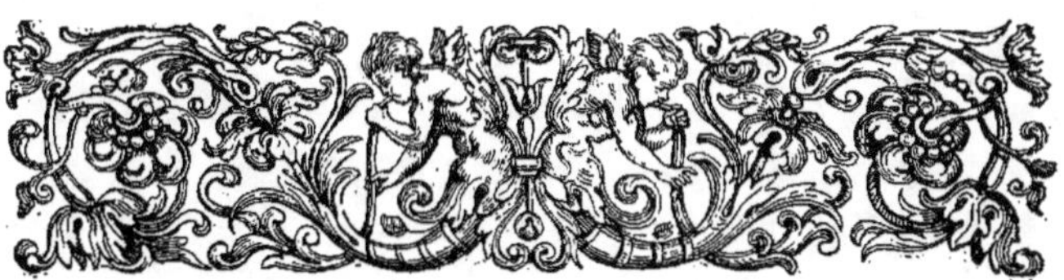

OSBERT

"OSBERT voit davantage, dans le crépuscule, la survivance de la lumière que les approches de l'ombre. Alors qu'un autre affirmerait déjà la prochaine victoire de la nuit en empruntant à l'obscurité ses plus éloquents moyens d'expression, Osbert veut comprendre, dans la profondeur des sous-bois, dans les grandes ténèbres qui voilent la transparence des lacs, comme la suprême révolte des clartés qui furent radieuses, naguère encore.

C'est donc avec une palette décidée à vibrer coûte que coûte que ce peintre s'approche de l'œuvre. On ne saurait guère préciser en quoi, des figures ou du décor, Osbert concentre le plus de lui-même. A voir ces silhouettes fuyantes de bois accroupis aux bords des eaux mates, et le découpement harmonieux des cimes sur le mauve rideau de l'espace, et la chevauchée savante des croupes de ces feuillages que cerne encore un peu de soleil défaillant, on le croirait aisément paysagiste passionné, indifférent à toute autre apparence que celle de la Nature solitaire et recueillie, à tout autre geste que celui des sveltes arbres élançant, vers le zénith, l'altière souplesse de leurs troncs moussus, de leurs frondaisons mystérieuses.

Mais, à rencontrer ces idéales apparitions qui, sur le tapis des gazons lointainement ouatés de brouillard, s'éloignent mains jointes, yeux au ciel, dans des robes claires à souples plis ; à démêler dans les gazes frêles dont il les revêt ces fluidiques anatomies de vierges en méditation, nous pencherions presque à croire que Osbert connaît et apprécie au suprême degré la profonde joie de réaliser en beauté une expression, de traduire parfaitement une pensée sur un visage, de mettre en un geste, dans le déploiement d'un manteau, dans la cambrure d'un poignet renversé, dans l'ondulation d'une hanche, dans l'attitude générale d'une silhouette de femme, tout l'idéal de perfection plastique dont la Femme incarne la souveraine Splendeur."

PASCAL FORTHUNY.

OSBERT

67 — Le Soir embrumé.

Une figure sur la rive, près des colonnades des grands arbres, devant la nuit où croule, par delà les bois, un bloc de cuivre incandescent.

Signé à droite, en bas : *A. Osbert*.

Panneau. — Haut. : 56 cent. ; larg. : 38 cent.

TEN CATE

68 — Environ de Schiedam.

Un soleil pâle dans un ciel malade. La croix des ailes du moulin. Un quai désert.
Des maisons basses dont l'une, à gauche, fume.
Une barque sur l'eau. Un homme l'actionne, à la godille.

Signé à droite, en bas : *Ten Cate. — Schiedam, 92.*

Toile. — Haut. : 38 cent. ; larg. : 61 cent.

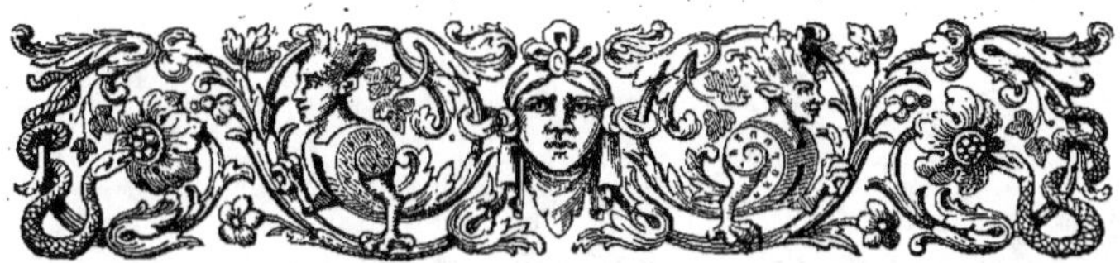

FRITZ THAULOW

"**O**N sait la parole populaire qui veut que nul ne soit prophète en son pays. A toutes occasions, cela est possible de constater que le proverbe ne ment point et que l'estime des gens ne va pas à ceux qui naquirent parmi eux.

Il faut faire exception pour le peintre Fritz Thaulow qui est, dans son pays, tenu pour le plus éminents des peintres officiels et qui aura sa statue là-bas, incontestablement. Cela ne serait pas une chose à retenir si les chemins par lesquels a passé le peintre pour conquérir le cœur de ses concitoyens n'étaient — à l'encontre de toute prévision — des chemins où se coucha longtemps l'ombre révolutionnaire des vieux arbres de liberté. Né à Christiania, élève des écoles des Beaux-Arts, ici et là — et jusqu'à Dusseldorf, je crois, — Thaulow était le plus pitoyable des élèves, le plus malhabile des dessinateurs et ses informes tentatives entretenaient le dégoût aux lèvres des académiques professeurs. On le chassa des bancs, comme indigne. On lui retira les crayons, la couleur. On le dissuada de peindre. C'est bien là, au nord comme au midi, l'absolutisme puéril et orgueilleux des sanctuaires officiels. Écœuré, quant à lui, des besognes sèches, des décalques mornes qu'on enseignait à la vétuste « classe de dessin de Dusseldorf », il repartit vers la terre natale et commença à 'donner à ses parents désespérés les consolations urgentes. — Il n'est tel qu'un propos de professeur stupide pour persuader à un père de famille que l'aîné de ses enfants mourra sur l'échafaud. — Puis, ses ascendants rassurés ou calmés, il continua, suivant une méthode en apparence indécise, mais au fond, parfaitement définie, ses études dans l'art de peindre.

Il avait rapporté des classes officielles la répulsion la plus grande pour une foule de choses, de gens et de principes. Il voyait autour de lui — oh! combien rares! — quelques jeunes hommes appliqués à chercher le moyen de secouer le joug entravant où les maintenaient les formules dessuettes d'un passé cher à l'œil et au goût public, à rompre aussi les chaînes d'un art étriqué et serré à la taille, où la convention primait la raison, et le méthodisme la sensibilité. Il se noua à eux; ils formèrent un mince faisceau, et les clameurs commencèrent. « Fous! » fut l'épithète la moindre dont on les qualifia. Sans peur, ils allaient, maniant avec l'indifférence de qui sait vaincre et l'émotion de qui sait vibrer les techniques audacieuses par quoi il leur plaisait de se manifester.

A ne voir que Thaulow, on discerne que, dès ce moment, il devint le fidèle interprète d'une Nature en laquelle filialement il se reconnaissait. Gabriel Mourey l'a dit : « Fritz Thaulow est le peintre de la Rivière, de la Neige et de la Nuit. Parmi les innombrables aspects qu'offre le jardin de la nature, c'est ceux-là qu'il a choisis. Ces thèmes, il y a tout lieu de le supposer, lui ont donné des émotions profondes. La presque totalité de leurs mystères a dû le séduire ; leurs manifestations multiples ont dû se trouver dans la communion la plus absolue avec sa façon de sentir et de vibrer. Il y a des instincts irrésistibles qui, magiquement, nous entraînent et nous guident. Tous les vrais artistes ont obéi à de telles influences ».

Thaulow, au pays brodé des dentelles de la neige, frangé de guipures éclatantes de la rive des fiords à la cime des montagnes, sillonné de ces petits cours d'eau qui, sur le fond des sables et des pierres luisantes, s'éloignent entre des berges blanches du côté de la mer, incrusté des pierreries du gel, tapissé de verglas miroitant, Thaulow, dis-je, peignit, avec la sincérité d'un historien qui raconte son pays, « la Rivière, la Neige et la Nuit. »

Et ce qui devait être fut. Ses œuvres, raillées au premier jour pour leur tenue révolutionnaire et, disaient les bourgeois, pour l'*erreur*, le *mensonge* de leur couleur, sont maintenant considérées là-bas comme des illustrations précieuses pour l'Histoire du pays froid et neigeux. Les compatriotes du peintre, de longtemps, ont appris sur les toiles de celui qu'ils lapidaient, la vraie chromatique, tenue, subtile, de leurs nuits, ce bleu de velours qui s'éclairerait d'une lumière cachée par delà les horizons, comme d'un lointain et à peine sensible rayonnement des soleils de minuit ; et aussi la mosaïque infiniment fugitive des eaux qui courent au pied des berges rases, le tapis des plaines où, tout au plus, apparaît, foulé sur la neige vierge, le mince chemin, le sentier sinueux qui mène aux basses toitures dont là-bas la fumée au bord du ciel s'enlève sur l'écran des nuées.

Thaulow a peint la Normandie, l'Italie aussi, et d'autres lieux. Mais il fut essentiellement instruit des moires de l'eau, des matités de la neige et des draperies légères de la nuit, dans ce pays qui est le sien, décor prestigieux des fiords, des monts éternellement blanchis, des glaces aux pointes aiguës, des blocs flottants, des frimas et des nuits de six mois. ''

PASCAL FORTHUNY.

THAULOW

(FRITZ)

69 — Fabrique au bord d'une rivière.

On dirait sur l'eau, au pied de ces maisons qui dorment, la chevelure déployée d'une fée de légende. Ce n'est pourtant que la cascade qui prête la vie à la *fonderie Rondet*.

Par des degrés sans rampe, à droite, on monte.

En face, ce sont les deux arches géantes, les fenêtres trouées après coup dans le mur de la vieille bâtisse.

Les toits rouges, crasseux, s'étirent sous le ciel où courent des nuées. Au loin à gauche, après les berges où de rares lumières scintillent, ce sont les taches d'une ville qui, même la nuit, travaille : des cheminées fument.

Et dans l'indigo pesant de ce minuit, la rivière s'éloigne avec des grâces molles, des transparences de miroirs, des matités d'abîmes, doublant le ciel, et belle, sous les étoiles, dans ses méandres instables, tel un marbre qui coulerait.....

Signé à droite, en bas : *Fritz Thaulow.*

Toile. — Haut. : 81 cent.; larg. : 65 cent.

THAULOW

(FRITZ)

70 — Port de Dieppe à marée basse.

Arc-boutées sur les jambes grêles de leurs arcades, de l'autre côté du quai, les maisons, en fumant comme de bons bourgeois, regardent le port.

La tour d'une église s'enlève dans le ciel maussade, pour voir, elle aussi.

Il y a des passants, silhouettes grises, qui là-bas, vont et viennent au ras du sol.

A gauche, la promenade tourne, longe le port où un bateau qui part fouette l'eau en écume, derrière lui. La coque rouge d'une barque à voile, une chaloupe, font des taches sur l'eau qui, jusqu'à la droite, s'étale calme. Jusqu'à la nuit, Dieppe va mirer ses arcades, ses fenêtres carrées, ses toits, ses cheminées, sa tour, dans les eaux paisibles de la marée basse.

Signé à gauche, en bas : *Fritz Thaulow.*

Toile. — Haut. : 87 cent. ; larg.: 65 cent.

THAULOW
(FRITZ)

71 — Rue de Dieppe : effet de lune.

Seule, dans la rue, dans la nuit, dans la neige, une femme s'en va qui porte au bras un panier. — Sur les toits aux pentes aiguës, sur les façades encorbellées à gauche, la lune, à larges flaques, éclabousse le décor.

A droite, ce sont les hautes maisons moins fantaisistes, dont les toits font saillie, dont les fenêtres font trou. Des ornières sur la route, des nuages sales au ciel, du silence, du froid, de la boue, une étoile.....

Signé à gauche, en bas : *Fritz Thaulow*.

Toile. — Haut.: 81 cent.; larg.: 65 cent.

THAULOW
(FRITZ)

72 — 14 Juillet en Normandie.

On a allumé les lampions, soleils dans la nuit, à droite sous le hangar où, tandis que trois femmes assises écoutent, une violoniste perle des cadences ; à gauche sous les feuilles épaisses où apparaît encore, cernée d'un reflet, la table desservie du récent dîner.

Un gazon épais se prolonge en tous sens, par delà les groupes du deuxième plan, attentifs à la musique jusqu'au buisson qui marque le seuil du village, debout là-bas avec ses grands arbres, ses toits d'un rose effacé exquisement atténués sur le tendre écran d'une nuit pleine d'étoiles.

Signé à gauche, en bas : *Fritz Thaulow*.

Toile. — Haut.: 81 cent.; larg.: 65 cent.

THAULOW

(FRITZ)

73 — Ferme en Normandie.

Les maisons aux toits inclinés, aux pignons de terre battue, se dressent, deux à droite, une à gauche, de chaque côté du petit sentier qui descend vers nous et sort du cadre.

Sur la pelouse de gauche, en avant d'un grand arbre, il y a un petit pommier tout en fleurs. Une neige rose, discrètement, est tombée sous les branches.

Sur la pelouse de droite, c'est un autre pommier, mais très vieux, si vieux qu'il est étayé. Sur le fond du ciel sale, il semble tordre ses bras noueux pour marquer son désespoir de ne pouvoir plus fleurir qu'à peine, autant dire, de n'être plus bon à rien.

Un homme en blouse s'éloigne au sentier.

N'oublions pas les poules.....

Signé à droite, en bas : *Fritz Thaulow.*

Toile. — Haut.: 5o cent.; larg.: 6ı cent.

THAULOW

(FRITZ)

74 — Cour de ferme en Norvège.

Celui qui a laissé la trace de ses pas dans la neige, près du banc, près de l'arbre, a traversé hâtivement le large sillon blanc où s'indique encore le chemin tournant des voitures.

Puis il est allé dans la maison, tout au fond du tableau et, dans la pièce dont les fenêtres sont éclairées, il a allumé les lampes qui, par les baies, font deux taches par terre.

Tout au bout de la cour, il y a le bâtiment du four avec la grande cheminée carrée qui monte aux étoiles.

Sur le grand toit blanc et sur le petit avant-corps de gauche, les branches de l'arbre, pour oublier qu'il fait froid, s'amusent à faire des dessins compliqués.

Signé à droite, en bas : *Fritz Thaulow, 92.*

Panneau. — Haut. : 73 cent.; larg. : 55 cent.

THAULOW

(FRITZ)

75 — Lendemain de fête.

La nuit a passé sur le jardin où, hier soir, c'était fête. Sous l'imprévue chute des neiges, les lampions se sont éteints dans les branches dénudées du vieil arbre, à droite.

D'un feutre blanc, la chaise s'est parée ; d'un tapis blanc, le jardin s'est ouaté. Impassible, l'enfant nu du bassin porte sur sa tête la corbeille en bronze, pleine de sucre fin.

Là-bas, la maison repose. Des corbeaux tournent sur le bois roux.

Tout à l'heure, le jardinier qui passait a fait avec ses sabots des taches et des trous sur le tapis tout blanc.

Signé en bas, à droite : *Fritz Thaulow.*

Toile. — Haut. : 71 cent.; larg. : 53 cent.

THAULOW

(FRITZ)

76 — Rochers en Norvège.

Accroupis au ras du flot, à gauche, les rochers entassés, juxtaposant leurs formes rudes, leurs ocres et leurs ombres mauves, accusent un vigoureux premier plan, tandis qu'au loin, c'est la tiède et blonde lumière d'un beau jour de soleil norvégien, habillant d'infiniment de douceur l'horizon turquoise, les croupes molles des nuages, la mer scintillante de reflets amortis, les trois voiles aériennement déployées.

Une petite crique découpée dans les roches miroite, paisible, telle une émeraude prisonnière.

Signé à gauche, en bas : *Fritz Thaulow.*

Toile. — Haut. : 60 cent.; larg. : 81 cent.

THAULOW

(FRITZ)

77 — Rue à Montreuil-sur-Mer.

Le vieux mur à gauche, le vieux mur à droite, le vieux
caniveau entre les deux, le vieux mur blanc en face, le vieux toit
rouge avec sa vieille lucarne carrée, la vieille femme — proba-
blement — qui compte du vieux linge sous un vieil auvent, tout
est vieux ici.

On dirait même que c'est du vieux soleil qui éclaire cette
vieille rue du vieux Montreuil-sur-Mer ; de la vieille ombre aussi
qui moisit sous le vieux porche.

Seul, un rouge géranium sur une fenêtre, parlant de fleurs,
parle de jeunesse....

Signé à droite, en bas : *Fritz Thaulow.*

Toile. — Haut. : 64 cent.; larg. : 50 cent.

VALLOTTON

(F.)

78 — Nocturne.

Un groupe, un chien venant de gauche.
Un mur, des affiches, deux femmes à droite.
Sur l'ensemble, l'œil d'un réverbère.

Signé à droite, en bas : *F. Vallotton.*

Panneau. — Haut. : 27 cent.; larg. : 29 cent.

Aquarelles
Pastels et Dessins

Aquarelles
Pastels et Dessins

ANGRAND

79 — Intérieur.

La cuisine de campagne et son fruste mobilier. A gauche,
dans l'encadrement de la baie, la ménagère et, gros dos, le chat.

Signé à droite, en bas : *Ch. Angrand, 92.*

Dessin. — Haut.: 60 cent.; larg. : 75 cent. 1/2.

CAVALLO PEDUZZI

80 — Coquelicots.

.... Le flot des coquelicots court et tourne dans la plaine,
rougie comme aux soirs de bataille....

Signé à gauche, en bas : *Cavallo Peduzzi.*

Pastel. — Haut.: 23 cent.; larg. : 31 cent.

CAVALLO PEDUZZI

81 — Vallée de la Marne.

Une matinée de soleil sur le plateau et la vallée où s'éloigne,
vers l'horizon bleu, la courbe de la rivière.

Un paysan à droite, dans le champ.

Signé à gauche, en bas : *Cavallo Peduzzi, 94.*

Pastel. — Haut.: 24 cent.; larg.: 31 cent.

CONDER

82 — Vingt-cinq panneaux pour la décoration d'un salon.

Un pinceau léger, subtil, se promène avec des délicatesses de rêve, de crépuscule défaillant et d'aube à peine colorée sur la précieuse matière d'une soie crème. Et sur vingt-cinq panneaux voici les très délicates interprétations de la légende antique, de la poésie des vieux mythes, des grâces Louisquinzesques, des fabliaux, des poèmes allemands. Ici les nudités souples de la nymphe au bord du flot, plus loin la bergère — presque Watteau, mais essentiellement Conder — un peu plus loin encore, Marguerite triant au coffret les bijoux sataniques, tandis qu'aux plis des rideaux se dissimule, ricanant, le Méphisto.

A toutes proportions, dans des cartouches, au fil amolli des guirlandes, dans l'enroulement des rubans, dans les campagnards bouquets de fleurettes nouées aux tiges et aux houlettes, c'est le badinage charmant — et d'un art si évocateur ! — de ce pinceau léger, subtil, promené avec des délicatesses de rêve, de crépuscule défaillant et d'aube à peine colorée sur la précieuse matière d'une soie crème.

Aquarelles sur soie.

UN PEINTRE

Il a compris la race antique aux yeux pensifs
Qui foule le sol dur de la terre bretonne,
La lande rase, rose et grise et monotone
Où croulent les manoirs sous le lierre et les ifs.

Des hauts talus plantés de hêtres convulsifs,
Il a vu, par les soirs tempêtueux d'automne,
Sombrer le soleil rouge en la mer qui moutonne ;
Sa lèvre s'est salée à l'embrun des récifs.

Il a peint l'Océan splendide, immense et triste,
Où le nuage laisse un reflet d'améthyste,
L'émeraude écumante et le calme saphir ;

Et fixant l'eau, l'air, l'ombre et l'heure insaisissables,
Sur une toile étroite il a fait réfléchir
Le ciel occidental dans le miroir des sables.

José-Maria de Hérédia.

COTTET

(CHARLES)

83 — Une vague.

Du fond de l'horizon, elle accourt, gaufrée, dentellée d'écume et par delà la souple voûte d'eau qu'elle compose, c'est encore une vague et d'autres vagues encore.

A gauche, les rochers éboulés dans le cristal du flot étalé, rayé de marbrures.

Dans tout le haut du ciel, le bandeau lourd d'un nuage où, vers la gauche, s'obstinent, malgré les bruns d'alentour, des roseurs très tendres.

Ces mêmes roses, presque effacées, restent encore épanouies au-dessus de l'horizon.

Signé à droite, en bas : *Ch. Cottet, 1891. Camaret.*

Pastel. — Haut. : 54 cent.; larg. : 81 cent.

COTTET

(CHARLES)

84 - Vue d'Algérie.

Pastel.

Dans la haie formidable des hautes roches cuivrées, sous le ciel vierge de nuages, le fleuve se fraye un chemin parmi les sables, les grèves, les alluvions découpées, où poussent, rares, les bouquets d'herbes et les buissons fleuris de baies rouges.

A gauche, au pied d'une roche qui plonge à pic, c'est un bouquet de palmiers inclinés sur l'eau qui passe, très pure, peuplée de reflets.

Au milieu du fleuve, un roc, avec les allures d'un rudimentaire navire d'or échoué là, depuis les siècles.

Sur toute la rive droite, des ombres transparentes, comme des lumières, courent à la surface du flot.

Signé à gauche, en bas : *Ch. Cottet.*

Panneau. — Haut. : 53 cent.; larg. : 78 cent.

COTTET

(CHARLES)

85 — Midi à Chetma.

Midi ! sous l'auvent plat que supportent les trois rudimentaires colonnes, le soleil, par les trous de la toiture, coule goutte à goutte.

Il éclabousse le mince ruisseau pailleté de lumière qui fuit.-

Portant l'enfant sur son dos, une femme noire.

En haut, à gauche, sur le mur une draperie jaune. Des feuillages au nu du mur et silhouetté sur le bleu de l'espace vierge, le découpement de vieux murs découronnés, à droite.

Signé à droite, en bas : *Ch. Cottet.*

Colle-Pastel. — Haut. : 90 cent.; larg. : 79 cent.

COUTURIER

86 — Fillette jouant à la balle.

La balle bondit, rebondit,
Gamme de rouges, d'oranges et de verts.
La balle bondit, rebondit.
Décidément, cette petite fille joue très bien.
La balle bondit, rebondit.

Signé à droite, en bas : *Couturier.*

Pastel. — Haut. : 55 cent.; larg. : 41 cent.

COUTURIER

87 — Femme se coiffant.

Assise avec la jambe gauche repliée.
Bas noirs. — La chevelure voile le visage.

Signé à droite, en bas : *Couturier*.

Pastel. — Haut. : 29 cent.; larg. : 23 cent. 1/2.

DE FEURE

(GEORGES)

88 — La gourmandise.

Autour de la table alourdie de citrons, de volailles, de fioles où dorment des vins rares, de pâtés, de fruits et de victuailles fines, trois femmes. L'une, épaules nues, incline, à gauche, sa tête fleurie d'une rose, vers une coupe de cristal où scintille une liqueur blonde ; les deux autres, en songeries dans un recul d'ombre où s'arrondissent, comme des gouttes de lumière oubliée, les raisins vermeils des grappes lourdes.

Au loin, sur le fleuve, les navires accourus des pays d'Orient, apportent les épices, les fruits, les vins.....

Signé à droite, en bas : *De Feure*.

Aquarelle. — Haut : 42 cent.; larg. : 54 cent.

DE FEURE

(GEORGES)

89 -- Femmes damnées.

Sur l'arrière-plan pourpre où se profilent des feuillages décolorés,
à droite, une femme au visage d'énigme, coiffée étrangement et
parée des bijoux d'un art très inconnu, soutient à la pointe de ses
doigts fins une statuette où quelque imagination de troublante
luxure se perpétue dans un marbre précieux.

Plus loin, sur une grève que le soir tisse de mauve et d'or,
un couple descend vers la mer.....

Signé à gauche, en bas : *G. de Feure.*

Aquarelle. — Haut. : 35 cent.; larg. : 5o cent.

DEGOUVE DE NUNEQUES

90 — Barques la nuit.

Une barque à droite dans la frange d'écume d'une mer nocturne.

Signé à droite, en bas : *W. D.*
de
N.
1894.

Pastel. — Haut.: 32 cent.; larg.: 60 cent.

DUEZ

91 — Fleurs.

Roses jaunes. — L'une est effeuillée dans le vase de cristal qui étale une ombre quasi mouillée sur les broderies de la nappe.

Signé à droite, en bas : *E. Duez.*

Haut.: 49 cent.; larg.: 61 cent.

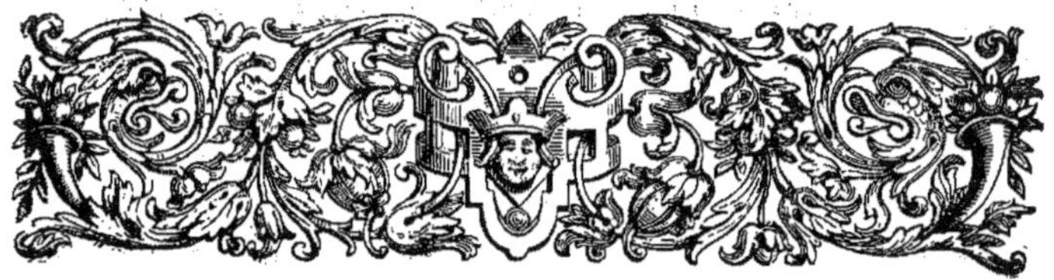

FORAIN

"Forain appartient à une autre époque que Daumier, mais on devine qu'il émane du même sol, qu'il a respiré le même air. Seulement, sa *Comédie parisienne* et son *Doux pays* marquent une date, et s'il est certain que l'artiste survivra par son œuvre dans les collections, il faut constater qu'il a mis dans cette œuvre une cruauté assez précise et une acuité assez actuelle et définie, pour ne permettre pas une erreur de temps.

Il est surprenant de voir quelle puissance de couleur Forain a su mettre dans ses *images*, à l'aide simplement du blanc et du noir. Son écriture est sommaire, c'est vrai, mais ce sommaire est l'expression d'une synthèse extraordinairement habile. Le trait qui semble jeté à la diable a, sous son crayon, une précision rigoureuse, et cette précision a un sens éloquent, bavard, spirituel, enjoué, amer tour à tour. L'artiste paraît négliger tout ce qui n'est pas la figure de son sujet, et pourtant, si l'on y regarde attentivement, les fonds sont bien à leur place ; la figure s'enveloppe bien d'atmosphère ; il ne s'y trouve souvent qu'une indication, mais cette indication est plus que suffisante, elle est exacte. Je remarquerai cependant que le public ordinaire, dont l'œil serait choqué si dans les dessins de Forain quelque chose clochait, ne donne qu'une attention relative à l'inconcevable maîtrise du dessinateur et se préoccupe exclusivement de l'idée mise en scène.

C'est, il faut bien l'avouer, que cette idée qui vagabonde à travers toutes les classes de la société est singulièrement puissante, relevant d'une observation toujours en éveil, imprégnée de bon sens, mêlée d'une amertume qui pourrait être un mépris profond pour les conventions acceptées — ou imposées — du monde et pour toutes les lâchetés, les hypocrisies, les sottises qui germent dans la vie, plus nombreuses que les cailloux fouettés par la vague sur le sol mouvant des grèves."

ROGER MILÈS.

FORAIN

92 — Dessin.

Une femme décolletée marchant vers la gauche.

Haut.: 27 cent.; larg.: 18 cent.

GUERARD

(H.)

93 — Chat noir.

Éventail.

.... La fantaisie du chat, des lunettes, du journal....

Signé à gauche, en bas : *H. Guerard.*

Haut. : 28 cent.; larg. : 57 cent.

IBELS

94 — Soldats.

Pastel.

Au petit caboulot de banlieue, deux fantassins jouent aux cartes. Dans le comptoir, la patronne, à gauche.

C'est, dehors, un beau dimanche d'été.

Signé à droite, en bas : *H.-G. Ibels.*

Panneau. — Haut.: 27 cent. 1/2; larg.: 35 cent.

IBELS

95 — Éventail.

Au théâtre, derrière les portants.
La grosse chanteuse, chrysalide jaune, à gauche. A droite, le machiniste fatigué.
Au fond, M. le régisseur qui fait une annonce devant la rampe jaune.

Signé à droite : *H.-G. Ibels*.

Haut : 4o cent.; larg. : 73 cent.

JACQUEMARD
(JULES)

96 — Boule de neige.

A droite, en bas : le Cachet de la vente.

Aquarelle. — Haut.: 26 cent.; larg. : 18 cent.

JACQUEMARD
(JULES)

97 — Le vieux Pont.

Au-dessus de la rivière qui court entre les maisons, il a été construit, il y a plusieurs siècles. Mais aujourd'hui il n'est plus d'aucune utilité. Il croulera demain, ou après-demain. L'eau, toujours jeune, passe sous le vieux pont...

En bas, à gauche : le Cachet de la vente.

Dessin à la plume. — Haut. : 22 cent. ; larg. : 22 cent.

LEHEUTRE
(G.)

98 — Pastel.

Une danseuse qui, sur la banquette rouge de droite, arrondit
— commé il convient — le faux mollet.

Signé à gauche, en bas : *G. Leheutre, 95.*

Haut. : 48 cent.; larg.: 6o cent.

MAUFRA
(MAXIME)

99 — Paysage.

Pastel.

L'écroulement des falaises dans la mer calme.

Signé à droite, en bas : *Maufra.*

Panneau. — Haut. : 24 cent.; larg.: 3r cent.

MAUFRA
(MAXIME)

1oo — Paysage.

Pastel.

Une chaumière à demi enfoncée, derrière laquelle apparaît le
fleuve et ses bateaux.

Signé à droite, en bas : *Maufra.*

Panneau. — Haut. : 24 cent.; larg.: 3r cent.

MAUFRA

(MAXIME)

101 — Paysage.

Le rideau des arbres sur le ciel, la route fuyant à gauche, et un triangle de pré.

Signé à droite, en bas : *M. M.*

Aquarelle. — Haut. : 22 cent.; larg.: 31 cent.

MAUFRA

(MAXIME)

102 — Paysage.

La plaine verte, les terres labourées, et dans un ciel d'ocre un nuage rose.

Signé à droite, en bas : *Maufra, 1894.*

Aquarelle. — Haut.: 23 cent.; larg.: 31 cent.

MELLERIE

103 — Dessin.

Un couloir de couvent. Le Christ en croix, au nu du mur à droite. Au fond, la fenêtre. A droite, une religieuse.

Signé à droite, en bas : *Mellerie.*

Dessin. — Haut.: 20 cent. 1/2; larg.: 13 cent.

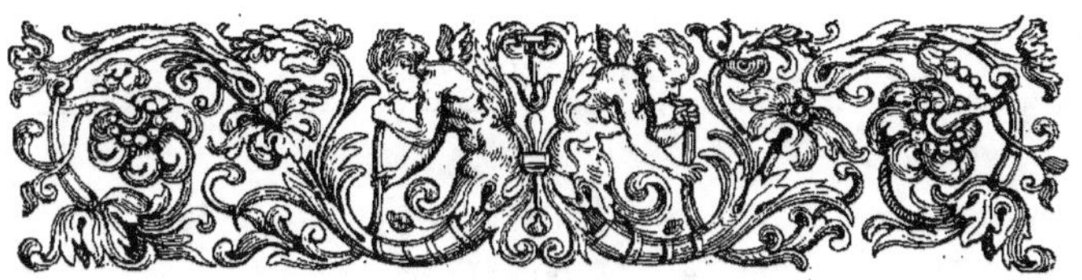

RENÉ MÉNARD

—

“Chez ce portraitiste de sentiment, de goût, M. René Ménard, le *Crépuscule*
établit nettement par où mérite d'attraire le genre de peinture que nos
pères avaient jadis voué au plus injuste mépris. Tel qu'il se trouve aujour-
d'hui entendu, il consacre plastiquement les droits du panthéisme ; il exalte
les actions réflexes de la créature sur la création ; il révèle les liens mystérieux qui unissent l'homme à la nature, et dans les évocations de M. René
Ménard, la campagne semble participer du drame qu'elle encadre. Mais le
paysage, le paysage lui-même, se transforme ou, pour mieux parler, il
achève de se délier des entraves. Après avoir négligé au xviiie siècle de
prendre conseil de la nature, on en était venu à la fin du xixe, à ne tolérer
que le paysage dit de plein air, et à censurer toute représentation exécutée
de souvenir ou à l'atelier ; or il est, à l'avis de M. René Ménard comme au
nôtre, des spectacles fantastiques ou grandioses qui n'ont que l'éphémère
durée d'une apparition et dont la féerique beauté vaut d'être dite. Devra-t-on
renoncer à les retracer, faute de pouvoir les fixer séance tenante ? Qu'importe
que la vision ait disparu, si l'œil a su en garder l'impression précise, si la
mémoire est fidèle et la main docile ? ”

Roger Marx.

MÉNARD
(RENÉ)

104 — Crépuscule.

Les forêts sur l'autre rive épaississent le rideau pesant de leurs feuillages.

Une ombre envahit le fleuve.

Elles sont, perles claires, toutes deux sorties de l'eau.

L'une est assise de profil et songe ; ses cheveux sont dénoués.

L'autre, debout, renoue les siens en un geste d'amphore antique.

Trois fûts d'arbres montent à gauche.

A droite, ce sont de jeunes pousses, tordues au-dessus de l'eau, ou folles au vent du soir.

Signé à gauche, en bas du monogramme : *M. R.*

Pastel. — Haut. : 103 cent.; larg.: 133 cent.

NONELL
(J.)

105 — Mendiante.

Une vagabonde accroupie portant sur ses genoux un enfant au maillot.

Signé à droite, en bas : *J. Nonell.*

Dessin. — Haut.: 28 cent. 1/2; larg.: 21 cent. 1/2.

PEPPER
(CHARLES)

106 — La poupée.

Aquarelle.

Assise devant la fenêtre, la petite fille cause avec sa poupée.

Dehors, par les carreaux, apparaît la ville sous la neige.

Signé à gauche, en bas : *Ch. Pepper. Holland, 1894.*

Panneau. — Haut.: 68 cent. ; larg.: 49 cent.

PEPPER
(CHARLES)

107 — Le moulin.

Au bout de la route blanche, un moulin en valeur sur le ciel gris.

Signé à gauche, en bas : *P.*

Panneau. — Haut.: 32 cent. 1/2 ; larg.: 25 cent.

PEPPER
(CHARLES)

108 — La tricoteuse.

Dans la cuisine, devant les faïences de l'âtre, la petite fille reprise un bas.

Signé à gauche, en bas : *P.*

Haut.: 32 cent. 1/2 ; larg.: 24 cent. 1/2.

RIPPL RONAÏ

109 — Tête de femme.

Signé à gauche, en haut : *Ronaï.*

Haut.: 46 cent.; larg.: 38 cent.

RIPPL RONAÏ

110 — Homme et cheval.

Signé à droite, en bas : *Ronaï.*

Aquarelle. — Haut.: 27 cent.; larg.: 19 cent.

SHANNON

I I I — Dessin.

Sanguine.
Une tête de femme.

Signé à droite, en bas : *SH., 94.*

Dessin. — Haut. : 25 cent. ; larg. : 27 cent.

SIGNAC

(PAUL)

I I 2 — Paysage.

En frise bleue au niveau lointain du fleuve d'or, la rive, des buissons, un bateau à deux mâts et la montagne.

Signé à droite, en bas : *P. S. 93.*

Aquarelle. — Haut. : 25 cent. ; larg. : 32 cent.

TEN CATE

I I 3 — Le givre.

Pastel.

Dans le bois blanchi d'hiver, c'est, à gauche, le vieux banc, à droite la barrière.

Trois corbeaux volent sous les branches.
Un chemin s'éloigne sur la neige.

Signé à droite, en bas : *Ten Cate. 93.*

Panneau. — Haut. : 22 cent. 1/2 ; larg. : 33 cent.

VAN GOGH

(VINCENT)

114 — Femme à genoux.

Dans le pré, arc-boutée sur les deux poignets.
Au loin, à droite, une autre femme agenouillée.

Dessin. — Haut.: 43 cent. 1/2; larg.: 54 cent. 1/2.

VAN GOGH

(VINCENT)

115 — Femme se baissant.

En sabots, chemise retroussée aux bras, elle cueille des
herbes qui déjà forment bouquet dans sa main gauche.
En haut du dessin, des croquis, des esquisses incertaines.

Dessin. — Haut.: 53 cent.; larg.: 45 cent.

Lithographies

Lithographies

JEANNIOT

116 — Le lever.

Assise au fauteuil, elle cherche, d'un pied distrait, ses babouches rouges.

Signé à gauche, en bas : *Jeanniot.*

Lithographie. — Haut. : 40 cent.; larg. : 25 cent.

LEMMEN
(G.)

117 — Femme couchée.

La tête émerge des draps et plisse l'oreiller.

Signé à gauche, en bas : *94.*

Lithographie. — Haut. : 33 cent.; larg. : 27 cent.

LEMMEN

(G.)

118 — Tête de femme.

De profil.

Une fleur s'épanouit sur le casque lourd des cheveux bruns.

Lithographie. — Haut. : 3o cent.; larg. : 33 cent.

MAURIN

119 — Femme à la toilette.

Une femme, épaules nues, regarde un portrait sur un guéridon.

Signé à droite, en bas : *Maurin*.

Lithographie. — Haut. : 46 cent.; larg. : 3o cent.

MAURIN

120 — Montagne neigeuse.

Symphonie en blanc, rose, bleu et vert.
Au pupitre, la lune, à droite.

Lithographie. — Haut. : 49 cent.; larg. : 64 cent.

MAURIN

121 — Rivière vue de haut.

.... Comme un serpent dans la plaine....

Lithographie. — Haut. : 49 cent. ; larg. : 64 cent.

MAURIN

122 — Maison devant la lune.

L'astre immense envahit le ciel. Un arbre à droite. La maison sur l'écran lunaire.

Lithographie. — Haut. : 51 cent. ; larg. : 70 cent.

MAURIN

123 — Oies.

Lithographie. — Haut. : 51 cent. ; larg. : 69 cent.

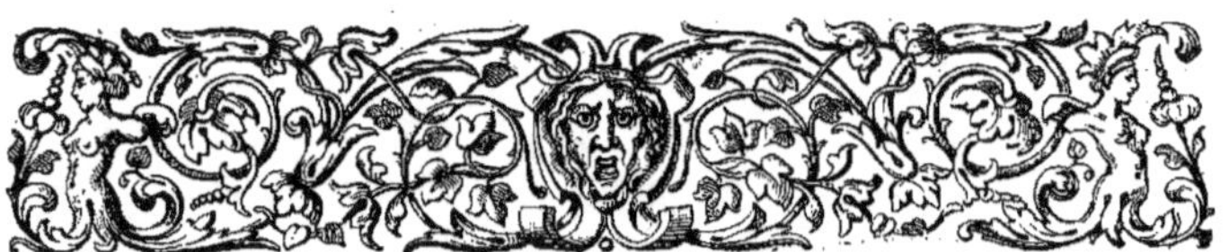

FÉLICIEN ROPS

"Contrairement à ses confrères qui sont presque tous nés dans des étables et des sous-sols et dont l'instruction s'est faite dans les écoles communales et les beuglants, Rops, dispensé d'origines ouvrières ou paysannes et investi d'une éducation toute littéraire, est le seul qui, dans la plèbe des crayonnistes, soit apte à formuler les synthèses du frontispice dont il demeure l'unique maître, le seul surtout qui soit de taille à réaliser une œuvre dans laquelle se résume tout le passif de l'éternel Vice.

Initié, en ces matières, maintenant omises, par Baudelaire et par Barbey d'Aurevilly qui l'avaient précédé dans la voie du satanisme, il l'a explorée jusqu'à ses confins, et, dans un art différent, il est vraiment celui qui a notifié la diabolique ampleur des passions charnelles.

Il a restitué à la Luxure si niaisement confinée dans l'anecdote, si bassement matérialisée par certaines gens, sa mystérieuse omnipotence ; il l'a religieusement replacée dans le cadre infernal où elle se meut et, par cela même, il n'a pas créé des œuvres obscènes et positives, mais bien des œuvres catholiques, des œuvres enflammées et terribles.

Il ne s'est pas borné, ainsi que ses prédécesseurs, à rendre les attitudes passionnelles des corps, mais il a fait saillir des chairs en ignition, les douleurs des âmes fébricitantes et les joies des esprits faussés ; il a peint l'extase démoniaque comme d'autres ont peint les élans mystiques.

Loin du siècle, dans un temps où l'art matérialiste ne voit plus que des hystériques mangés par leurs ovaires ou des nymphomanes dont le cerveau bat dans les régions du ventre, il a célébré, non la Femme contemporaine, non la Parisienne, dont les grâces minaudières et les parures interlopes échappaient à ses appertises, mais la Femme essentielle et hors des temps, la Bête vénéneuse et nue, la mercenaire des Ténèbres, la serve absolue du Diable.

Il a, en un mot, célébré ce spiritualisme de la Luxure qu'est le Satanisme, peint, en d'imperfectibles pages, le surnaturel de la perversité, l'au-delà du Mal. "

J.-K. Huysmans.

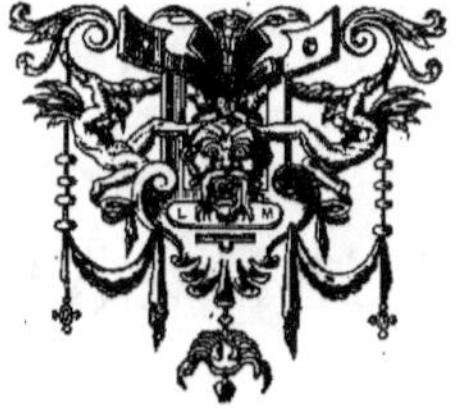

ROPS

(FÉLICIEN)

124 — Buveuse d'absinthe.

Tournant vers la droite son visage ivre, elle est coiffée d'une toque ailée où s'épanouit une aigrette agrafée — par une pierre — au velours noir.

De son manteau sombre émerge une poitrine maigre, osseuse.

Signé à gauche, en haut : *Félicien Rops.*

A [gauche, sous la signature, le monogramme : *R. F.*

Lithographie. — Haut. : 58 cent.; larg. : 41 cent.

TOULOUSE-LAUTREC

125 — Loge au théâtre.

Deux femmes dans une loge.
Au flanc du balcon, un masque échevelé.
En bas, à gauche, l'esquisse d'un spectateur tournant le dos à la salle.

Signé à gauche, en bas : *T. Lautrec.*

En haut, à droite, le monogramme de l'artiste.

Lithographie. — Haut. : 39 cent.; larg. : 30 cent.

TOULOUSE-LAUTREC

126 — Acteurs.

Sonnet..... C'est un sonnet.....

(MOLIÈRE).

Signé du monogramme : *T. L.*, à gauche, haut et bas.

Lithographie. — Haut. : 37 cent.; larg. : 26 cent.

TOULOUSE-LAUTREC

127 — Danseuse.

Au factice jardin des planchers de théâtre,
Le parterre fardé des danseuses fleurit.

Signé à droite, en bas, du monogramme : *T. L*

Également à gauche, en haut.

Lithographie. — Haut.: 30 cent.; larg.: 27 cent.

VAN RYSSELBERGHE

128 — Amsterdam.

Au premier plan, un clapotis autour des pieux, à droite un bateau.
Au fond, la ville et ses clochers.

Signé à droite, en bas : *Amsterdam. V. R.*

Haut.: 22 cent.; larg. : 28 cent.

VAN RYSSELBERGHE

129 — Deux danseuses.

Monogramme : *V. R.*, à gauche, en bas.

Lithographie. — Haut.: 20 cent.; larg.: 18 cent.

VAN RYSSELBERGHE

13o — Danseuse.

Une Loïe Fuller dans la fleur épanouie du jupon qui plane...

Monogramme à droite, en bas : *V. R.*

Lithographie. — Haut.: 34 cent.; larg.: 25 cent.

IMPRIMERIE E. CAPIOMONT ET Cie

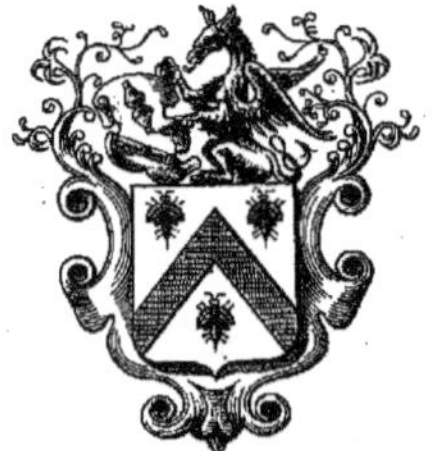

PARIS

57, RUE DE SEINE, 57